黄金比がひと目でわかる

定番おかず100
一生ものの味つけレシピ

石原洋子

家の光協会

はじめに

料理好きが高じて教室を始めてから早くも40年以上が経ちます。生徒さんから調味料の入れ方がわからない、調味料は何から入れたらいいのか迷う、という質問をよく受けます。特に身近な和食の煮ものは、なかなか味が決まらないのでついおっくうになってしまうとのことです。

かつて、調味料は「さしすせそ」の順に加えると、教わってきました。そのころは和食が主体でそれでもよかったのですが、最近は洋食、中華、エスニックなど日々の食事もレパートリーが増えてきたため、調味料の種類も多くなり、お料理が複雑になってきました。

煮ものひとつをとっても、酒とみりんとしょうゆの分量が微妙に違うのはなぜか、もっとシンプルにできないかと、長年試行錯誤を重ねるうちに黄金比にたどり着きました。とても簡単でおぼえやすい分量、「酒：みりん：しょうゆ＝１：１：１」です。甘さは砂糖をその$\frac{1}{2}$〜$\frac{1}{3}$量入れるとバランスのよい味に仕上がります。甘辛味の肉じゃが、筑前煮、肉豆腐、きんぴら、魚の煮つけなどほとんどこの黄金比で作れます。

次に調味料を入れるタイミングを考えました。調味料を加えるのは、火をつけて煮始めたり、炒め始めてからがほとんどです。炒めものは一気に仕上げることが多いので、調味料を準備しておかないとあわててしまいます。少量の調味料をひとつずつ加えていくのはこれまた大変！　小さい器に合わせておけば炒めることに専念でき、失敗なく作れます。

味つけの黄金比を覚えれば応用はききますが、この本では初心者の方でもわかりやすいように、黄金比に基づいた実際の分量で紹介しています。和・洋・中・エスニックの定番おかずの調味料を合わせ調味料にして手間を省き、作りやすいように食材の数を少なく、下ごしらえも簡単にしました。ちょっとしたひと手間で、お料理は簡単においしく作れます。

この本をキッチンの片隅に置いていただき、毎日の夕食作りの手助けになれば幸いです。

日々の食事作りが楽しくなることを願って

石原洋子

黄金比がひと目でわかる　定番おかず100　一生ものの味つけレシピ

目次

はじめに……2
この本の使い方……5
ここがおすすめ！　黄金比の味つけレシピ……6
基本の調味料について……8

1章 和風の味つけレシピ
肉じゃが……10
肉豆腐……12
がんもどきの煮もの……13
きんめだいの煮つけ……14
筑前煮……16
親子煮……18
煮豚……20
小松菜とさつま揚げの煮びたし……22
白菜とじゃこの煮びたし……22
豚肉のしょうが焼き……24
鶏肉の鍋照り焼き……26
ぶりの照り焼き……28
ズッキーニの豚肉巻き焼き……29
厚焼き卵……30
鶏そぼろ……31
ごぼうのきんぴら……32
れんこんのきんぴら……33
にんじんのきんぴら……33
鶏のから揚げ……34
豚肉の竜田揚げ……35
鶏むね肉の竜田焼き　野菜あんかけ……36
おでん……38
さばのみそ煮……40
豚肉、なすとピーマンのみそ炒め……42
さけの南蛮漬け……44
きゅうりとわかめの酢のもの……46
大根のごま酢あえ……46
ほうれん草のごまあえ……47
キャベツのからしあえ……47
アスパラガスの白あえ……48
かぶの甘酢漬け……49
ちらしずし……50
鶏肉と根菜の炊き込みごはん……52
かき玉うどん……53
シンプル茶碗蒸し……54

2章 洋風の味つけレシピ
チキンマカロニグラタン……56
ポーククリームシチュー……58
煮込みハンバーグ……60
ポークチャップ……62
チキンカレー……64
ポテトサラダ……66
チキンフライ　タルタルソースかけ……67

スパゲッティ・ペペロンチーノ …… 68
キャベツのペペロンチーノ …… 68
スパゲッティ・ナポリタン …… 69
スパゲッティ・トマトソース …… 70
鶏肉のトマト煮 …… 71
スパゲッティ・ミートソース …… 72
ポテトミートソースグラタン …… 73
オムライス …… 74
ハッシュドビーフライス …… 76
スパゲッティ・カルボナーラ …… 78
ポークピカタ …… 79
ブロッコリーときのこのキッシュグラタン …… 80
ブロッコリーのポタージュ …… 82
じゃがいものポタージュ …… 83
にんじんのポタージュ …… 83

コラム
ドレッシングとサラダ …… 84
フレンチ／シーザーズ／和風ごま
玉ねぎ／中華／韓国風
たれとソース …… 86

3章 中華の味つけレシピ

ホイコーロー …… 88
牛肉とパプリカのオイスターソース炒め …… 90
えびのチリソース炒め …… 92
豚肉のチンジャオロースー …… 94
えび、キャベツとしいたけのうま煮 …… 96
豚肉と白菜のとろみ塩炒め …… 98
マーボー豆腐 …… 100
チャーシュー …… 102
酢豚 …… 104
ユーリンチー …… 106
バンバンジー …… 108
えびマヨ …… 110

4章 韓国・エスニックの味つけレシピ

プルコギ …… 112
豚肉とにらのチヂミ …… 114
もやしのナムル …… 116
パプリカのナムル …… 117
ほうれん草のナムル …… 117
韓国焼き肉 …… 118
タンドリーチキン …… 119
ガパオライス …… 120
春雨サラダ …… 122

定番おかずの「黄金比」早見表 …… 124
材料別さくいん …… 127

この本の使い方

- 材料は、例外を除き、２人分を基本にしています。
- 小さじ1＝5mℓ、大さじ1＝15mℓ、１カップ＝200mℓです。
- 塩少々は0.9gまでの量を指します。
- 野菜は特に記載のない場合は、洗う、皮をむくなどの下ごしらえをすませてからの手順を説明しています。
- 材料の食材名の下の⇒以下は下準備の内容です。分量の記載のあるものは分量外、ないものは適量です。
- レシピ内の「塩」は精製されていない天日塩、「しょうゆ」は濃口しょうゆ、「小麦粉」は薄力粉です。
- 火加減は特に記載のない場合は中火です。
- 電子レンジの加熱時間は600Wのものを使用したときの目安です。500Wのときは加熱時間を1.2倍に、700Wのときは0.8倍にしてください。

ここがおすすめ！
黄金比の味つけレシピ

この本で紹介するのは、
だれでも簡単にぴたりと味が決まる、
「黄金比」のレシピです。
味つけがうまくいかない初心者から、
もっとおいしく作りたい中級者まで、
かならず役立つ
本書のおすすめのポイントを紹介します。

40年以上かけてたどり着いた定番の味つけが簡単にできます

長年料理教室を主宰してきた著者が、寄せられた多くの質問や疑問に答えながら発見した、だれにでも簡単に作れる味つけのレシピです。家庭料理でリクエストされる定番の料理116点を紹介。食べたいと思ったときにすぐに作れます。

合わせ調味料なら調理中もあわてずラクラク作れます

この本では、調味料をあらかじめ合わせ調味料にして、一度に加えるレシピが多いです。調味料を入れる順番を考えたり、調理途中で量ったりしなくてよいので、あわてることもなく、調理に集中できます。

レシピどおりにきちんと量れば、かならずおいしく作れます

つい目分量で入れてしまいがちな調味料や材料ですが、きちんと量ることが基本。まずはレシピどおりに作ってみて、そこから好みの味に調整していけば、いつでも失敗なく作れます。

材料の種類も少なめ、下ごしらえも手軽に。だから無理なく、繰り返し作れます

材料の種類を極力減らして、めんどうな下ごしらえもなるべく省いたレシピです。たくさんの材料をそろえなくてもおいしくでき、手間もかからないので、何度でも繰り返し作りたくなります。

さあ、さっそく作ってみましょう！

基本の調味料について

調味料には味をつけるだけでなく、臭みを消す、余分な水分を取り除く、しっとりさせる、防腐するなど、調理のうえで重要な働きがあります。毎日のおかず作りに欠かせない基本調味料の働きを知ることは、味つけ上手の第一歩です。

【酢】

酢は単に酸味をもたらすだけではありません。肉の脂っこさをさっぱりさせる、隠し味に使って塩味をまろやかにする、殺菌作用を利用して酢じめやマリネに使うといった利用の仕方があります。本書では、甘みとうまみがあり、まろやかであることから、米酢を使用しています。

【酒】

うまみ成分が含まれている酒は、煮ものなどに加えるとコクがアップします。同時に肉や魚の臭みを抑え、ふっくらと仕上げる効果もあります。酒を加えたら(ワインも同様)、加熱してアルコール分をとばすことが大切です。そうでないと、アルコール臭や苦みが残ってしまいます。

【みりん】

みりんは酒の一種です。酒よりも甘みやコクがあり、酒と同様、うまみをアップさせる、肉や魚をやわらかく仕上げる、照りと風味をつけるなどの効果があります。酒と同様、加熱してアルコール分をとばします。

【油】

本書ではサラダ油、エキストラヴァージンオリーブ油、ごま油を使用しています。油には、100℃以上の高温で調理できるだけでなく、食材にうまみやコクをつける、食材の持ち味を閉じ込める、料理に香りやまろやかさをもたらすなどの働きがあります。

【塩】

塩味は塩化ナトリウムによるもので、他のミネラルを含むと、甘みや苦みを生じます。最も一般的に販売されている塩事業センターの食塩は、塩化ナトリウム99%以上のストレートな味。塩には脱水効果があるため、肉や魚に塩をふると水分が抜け、うまみが凝縮されます。他に、臭み消しや防腐の効果もあります。

【砂糖】

精製の度合いで、粒子の大きさやミネラル含有量に違いがあります。家庭で広く使われる砂糖は上白糖。しっとりとして、やわらかな風味とコクが特徴です。砂糖は水と結合しやすい働きを持っています。肉に砂糖をもみ込むと肉がやわらかくなったり、すし飯がかたくならないのは、この性質のおかげです。

【しょうゆ】

塩味、うまみ、酸味、甘み、苦みがバランスよくそろった万能調味料です。うまみ成分のグルタミン酸をはじめとする各種アミノ酸、さまざまな香り成分を含んでいます。だしに加えると、うまみ成分の相乗効果でうまみが濃くなる、煮豆などの甘みを引き立てるといった働きもします。

【みそ】

深みのある味わいや多彩な風味だけでなく、みそは生命の維持に必要な必須アミノ酸を豊富に含む健康食材です。原料(米、麦、豆)、色(白、赤、淡色)、味(甘、甘口、辛口)によって、風味が違います。本書では、淡色系の辛口米みそを使用しています。

塩・しょうゆ・みその塩分対比

塩をしょうゆに代えたい、みそをしょうゆに代えたいときなどに、下記の塩分対比を知っておくと便利です。
塩小さじ½(約2.5g)≒濃口しょうゆ大さじ1(約2.6g)≒みそ大さじ1(約2.2g)

1章

和風の味つけレシピ

基本の黄金比は、
酒：みりん：しょうゆ＝オール1。
ここに砂糖を加える、しょうゆの一部を
塩またはみそに代える、
甘みが必要なければみりんをやめる
などすれば、和風の味つけは自由自在。
慣れれば、レシピを見なくても
味が決まるようになります。

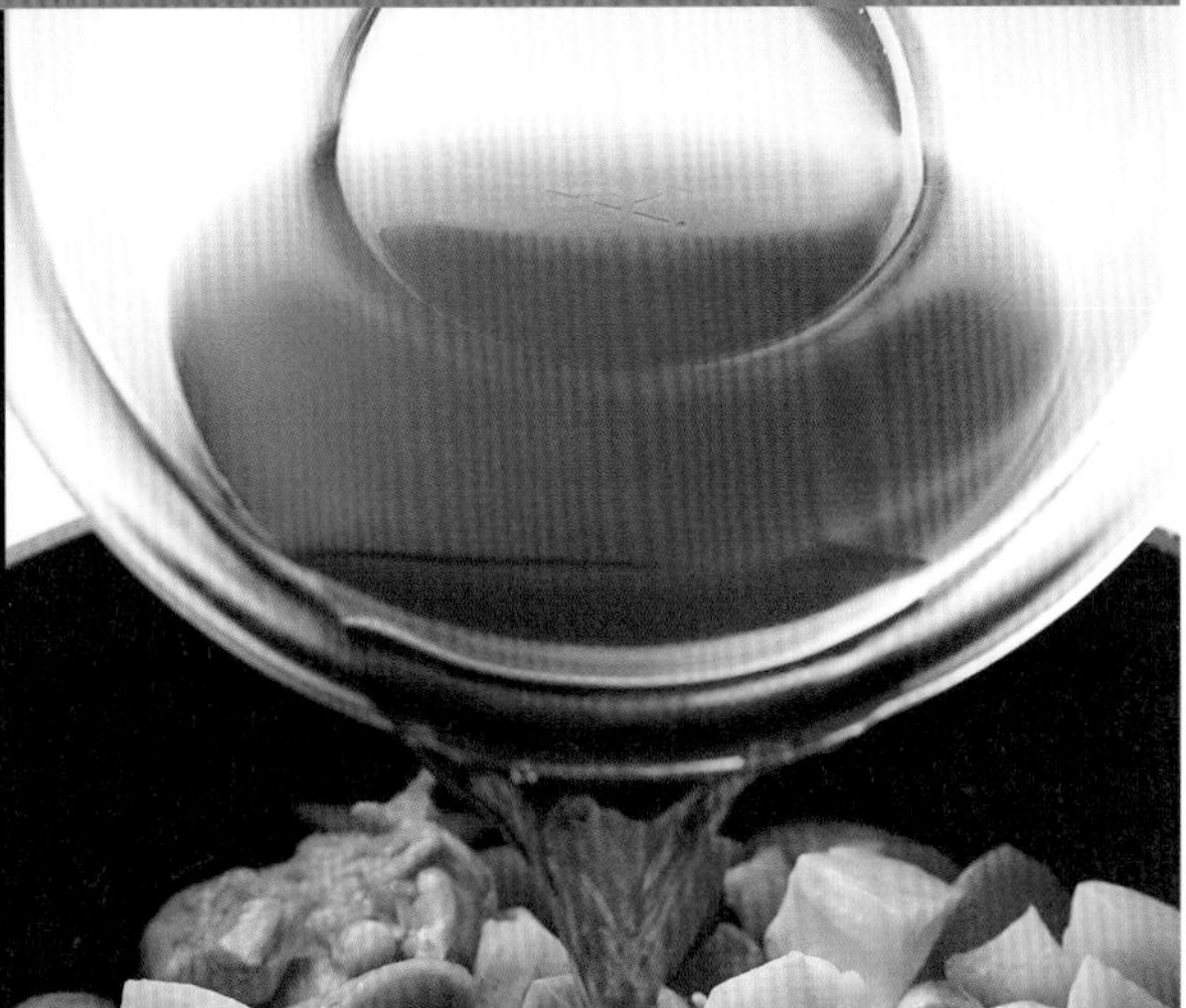

しょうゆ
甘辛味

肉じゃが

基本の材料は、豚肉か牛肉、じゃがいも、玉ねぎ。
にんじんは彩りです。だし汁は使いません。
水で煮るからこそ、素材の持ち味が生きてきます。

材料(2人分)

豚肉(こま切れ) ……… **150g**
⇒食べやすく切る

じゃがいも(男爵) ……… **2個(300g)**
⇒6等分に切る

にんじん ……… **1本(150g)**
⇒ひと口大の乱切り

玉ねぎ ……… **1個(200g)**
⇒2㎝幅のくし形に切ってほぐす

サラダ油 ……… **大さじ1**

A ⇒混ぜ合わせる(a)

酒 ……… **大さじ2**
みりん ……… **大さじ2**
しょうゆ ……… **大さじ2**
砂糖 ……… **大さじ1**
水 ……… **1カップ**

甘辛煮の王道の味です。

和食の味つけの基本は、酒1、みりん1、しょうゆ1です。砂糖は食材の持ち味に合わせて変えます。肉じゃがは、甘さをやや感じるくらいがよいので、砂糖を他の調味料の½の割合で加えます。

a

前もって、調味料と水を混ぜ合わせて煮汁を作っておきます。調理を失敗なく、スムーズに行うコツです。

b

野菜と肉を炒め合わせ、油のコクを全体になじませてから煮汁を加えます。こうすると野菜に味が入りやすくなります。

作り方

1 フライパンにサラダ油を熱し、じゃがいもとにんじんを2分ほど、玉ねぎを加えて1分ほど炒め、豚肉を炒め合わせる。

2 肉の色が変わったら**A**を加え(**b**)、煮立ってアクが出たら取り除く。落としぶたをして弱めの中火にし、煮汁が¼量になり、じゃがいもがやわらかくなるまで15分ほど煮る。

[MEMO]

牛の切り落とし肉で作ると、コクのある濃厚な味になります。

「甘辛煮の黄金比は、
酒：みりん：しょうゆ：砂糖＝1：1：1：½。
これでほぼ味が決まります」

しょうゆ
甘辛味

肉豆腐

調味料もその割合も、肉じゃがと同じです。ただし、煮る時間も少なく、豆腐は水分を多く含むので、水の量は½に減らします。

材料(2人分)

牛肉(切り落とし) …………… **150g**
⇒食べやすく切る

木綿豆腐 …………… **1丁(300g)**
⇒8等分に切る

長ねぎ …………… **1本(100g)**
⇒3㎝幅の斜め切り

A ⇒小さめのフライパンに混ぜ合わせる(a)

酒	大さじ2
みりん	大さじ2
しょうゆ	大さじ2
砂糖	大さじ1
水	½カップ

作り方

1. Aを入れたフライパンを火にかけ、煮立ったら牛肉をほぐしながら入れる。
2. アクが出たら取り除き、肉を端に寄せて、豆腐、長ねぎを加える。ときどき返しながら、豆腐に味がしみるまで6〜7分煮る。

調味料と水を小さめのフライパンか小鍋に直接入れて混ぜ、煮汁を作ります。

[MEMO]

豚肉で作ってもよい。特にしゃぶしゃぶ用で作るとやわらかく、豆腐の食感ともよく合います。

しょうゆ
甘辛味

がんもどきの煮もの

甘みを感じるくらいがおいしい煮ものなので、肉じゃがと同じくらいの味つけで。がんもどきを厚揚げに代えてもよいでしょう。

材料(2人分)

がんもどき ……… **大2枚(260g)**
⇒ペーパータオルで表面の油を取り、ひと口大に切る

小ねぎ ……… **1束(100g)**
⇒5～6㎝長さに切る

A ⇒小さめのフライパンに混ぜ合わせる

酒 ……… **大さじ1½**
みりん ……… **大さじ1½**
しょうゆ ……… **大さじ1½**
砂糖 ……… **大さじ⅔**
水 ……… **1カップ**

作り方

1 Aを入れたフライパンを火にかける。煮立ったらがんもどきを並べ入れ、落としぶたをして、弱めの中火でときどき返しながら4～5分煮る。

2 仕上げに小ねぎを加え、3分ほど煮る。

[MEMO]

厚揚げの場合は、ひと口大に切って、同様に煮ます。

しょうゆ
甘辛味

きんめだいの煮つけ

**魚の煮つけも肉じゃがと同じ調味料の割合で作れます。
魚に煮汁をかけながら、味を含ませるのがコツ。
脂がのってとろけるような身を、煮汁につけながらいただきます。**

材料(2人分)

きんめだい ……… **2切れ(200 ~ 300g)**
⇒水けをふき取る

小松菜 ……… **½束(100g)**
⇒5㎝長さに切る

A ⇒小さめのフライパンに混ぜ合わせる

- **酒** ……… **大さじ3**
- **みりん** ……… **大さじ3**
- **しょうゆ** ……… **大さじ3**
- **砂糖** ……… **大さじ1½**
- **水** ……… **⅔カップ**

作り方

1. **A**を入れたフライパンを火にかけ、煮立ててアルコール分をとばす。きんめだいを並べ入れ(**a**)、スプーンで魚に煮汁をかける。落としぶたをし、弱めの中火で4～5分煮る。
2. 落としぶたを取り、魚に煮汁をかけながら2～3分煮る。
3. あいているところに小松菜を加え(**b**)、1～2分煮る。器に魚を盛って小松菜を添え、残りの煮汁を少し煮つめて魚にかける。

魚は煮立てた煮汁に重ならないように入れ、煮汁をかけます。こうすると魚の表面が瞬時に凝固し、うまみが溶け出して身がかたくなるのを防げます。

つけ合わせの野菜は、煮上がる少し前に加えて火を通します。小松菜以外に、いんげん、絹さや、小ねぎ、きのこ、わかめも合います。

[MEMO]

脂がのったぎんだら、たい、きんきのほか、淡泊なかれいやめばる、
手ごろな値段のあかうおなど、白身の魚が合います。さけを煮るのもおいしいものです。

「こってりと煮しめるよりも、
魚が煮汁に少し浸るくらいの煮上がりのほうが、
その持ち味を楽しめます」

しょうゆ
甘辛味

筑前煮

お正月など、ハレの日の料理としても喜ばれる一品です。根菜類は乱切りにして表面積を増やし、味をからめるように火を通します。

材料(2人分)

鶏もも肉 ……… **1枚(250g)**
⇒余分な脂肪を取り除き、3cm大に切る

ごぼう ……… **½本(100g)**
⇒2cm大の乱切りにし、水に5分ほどさらす

にんじん ……… **⅔本(100g)**
⇒2cm大の乱切り

れんこん ……… **⅔節(100g)**
⇒2cm大の乱切りにし、ざっと洗う

いんげん ……… **5～6本(50g)**
⇒2cm長さに切る

サラダ油 ……… **大さじ½**

A ⇒混ぜ合わせる

酒 ……… **大さじ2**
みりん ……… **大さじ2**
しょうゆ ……… **大さじ2**
砂糖 ……… **大さじ⅔**
水 ……… **1カップ**

肉じゃがの味のアレンジ。砂糖を少し減らして、食材の味を立たせます。

酒1：みりん1：しょうゆ1は、肉じゃがの味つけと同じですが、砂糖の量は肉じゃがよりもやや少なく、他の分量の⅓に。肉のうまみも濃いので、砂糖は少し控えめにしたほうが、食材の持ち味が生きてきます。

作り方

1 フライパンにサラダ油を熱し、ごぼう、にんじん、れんこんを2～3分炒める。鶏肉を加え、色が変わるまで炒める。

2 Aを加え(**a**)、煮立ってアクが出たら取り除く。落としぶたをし、ときどき上下を返しながら15～20分煮る。

3 野菜がやわらかくなったら、いんげんを加え、煮汁が少なくなるまで2～3分煮る。

a

彩りのいんげん以外を炒め合わせ、煮汁を加えてコトコトと煮ていきます。

[MEMO]

煮汁を加えるときに、しいたけやしめじを他の野菜と同量(100g)加えてもおいしい。

「肉じゃがと同じ調味料の割合でもよいのですが、
砂糖だけを少し控えるのが、私の味つけです」

しょうゆ甘辛味

親子煮

筑前煮と同じ調味料の割合です。
ポイントは、鶏肉も玉ねぎも卵も、火の通し具合。
鶏肉はふっくら、玉ねぎはやわらかく煮て、卵はふわとろの半熟状に。

材料(2人分)

鶏もも肉 ………… **小1枚(200g)**
⇒余分な脂肪を取り除き、2～3cm大に切る

玉ねぎ ………… **½個(100g)**
⇒横1cm幅に切る

卵 ………… **3個**
⇒溶きほぐす

みつば ………… **10g**
⇒2cm長さに切る

A ⇒小さめのフライパンに混ぜ合わせる

酒 ………… **大さじ1½**
みりん ………… **大さじ1½**
しょうゆ ………… **大さじ1½**
砂糖 ………… **大さじ½**
水 ………… **⅓カップ**

作り方

1 Aを入れたフライパンを火にかけて、煮立ったら玉ねぎを加え(**a**)、ふたをして2～3分煮る。鶏肉を加え、さらに2～3分煮て鶏肉に火を通す。

2 弱めの中火にし、溶き卵を中央から外に円を描くように回し入れ(**b**)、卵全体に火が通るように、菜箸で所々ゆっくり混ぜる(**c**)。

3 みつばを加え、ふたをして火を止め、好みの加減に火を通す。

[MEMO]

ごはんにのせ、親子丼でどうぞ。鶏肉を豚肉や牛肉に代えてもよく、その場合は「他人煮」になります。

c
鶏肉と玉ねぎの間に溶き卵が入るように混ぜますが、混ぜすぎると煮汁が濁るので気をつけましょう。

b
鶏肉に火が通ったらすぐに、溶き卵を回し入れます。

a
煮汁をフライパンに入れて混ぜ合わせ、煮立ったら玉ねぎを加えて、その甘みを煮汁に移します。

「玉ねぎの甘さ、肉と卵のコクを生かした味つけで」

しょうゆ
甘辛味

煮豚

煮汁に豚肉を入れてコトコト煮るだけです。
火を止めたら、肉を煮汁に入れたまま休ませてください。
その間に肉汁が肉全体にまわり、しっとりとしてきます。

材料(2人分)

豚肩ロース肉(ブロック) …… **400g**
⇒常温にもどす

しょうが …… **1かけ**
⇒4～5枚の薄切りにする

長ねぎ(青い部分) …… **約10cm**

A ⇒鍋に混ぜ合わせる

- **酒** …… **½カップ**
- **みりん** …… **大さじ2**
- **しょうゆ** …… **大さじ2**
- **砂糖** …… **大さじ½**
- **水** …… **2カップ**

卵(冷蔵庫から出したて) …… **2個**
⇒熱湯から7分ゆでて冷やし、
殻をむく

酒の割合を増やして豚肉のクセを抑えます。

みりんとしょうゆは同量、砂糖はその¼量です。肉の量が多いので、酒の量をみりんやしょうゆの3倍ほどにして肉のクセを抑え、豚肉のうまみを立てます。

作り方

1 Aを入れた鍋に豚肉、しょうが、長ねぎを加え、火にかける。煮立ってアクが出たら取り除く。ふたをして弱めの中火にし、途中で豚肉の上下を返して、竹串がすっと通るまで50分～1時間煮る。

2 ゆで卵を加え(a)、ふたをしないで、返しながら5～10分煮る。煮汁が½カップほどになったら火からおろし、そのまま粗熱が取れるまで味を含ませる。

3 豚肉を薄切りにし、ゆで卵は半分に切る。器に盛り、煮汁をかける。

a

ゆで卵は豚肉に火が通ってから加えます。とろりとした卵黄が好みなら、5分ほど返しながら煮て、先に引き上げます。

[MEMO]

豚もも肉で作ってもよく、その場合はさっぱりとして、身が締まった食感に仕上がります。

「酒をたっぷり加えて煮るから、肉がとてもジューシーに
煮上がります。煮汁を煮つめた濃厚なたれをかけてどうぞ」

しょうゆ味

小松菜とさつま揚げの煮びたし

小松菜は茎と葉先では火の通り方が違うので、茎と葉先に分け、茎から先に煮て、やわらかい葉先は後から加えます。

材料(2人分)

小松菜 ……………… **1束(200g)**
⇒4～5cm長さに切り、茎と葉先に分ける

さつま揚げ ……………… **1枚(70g)**
⇒熱湯でさっとゆで(油抜き)、縦半分にして横5mm幅に切る

A ⇒小さめのフライパンに混ぜ合わせる

酒 ……………… **大さじ1**
みりん ……………… **大さじ1**
しょうゆ ……………… **大さじ1**
水 ……………… **½カップ**

作り方

1 Aを入れたフライパンを火にかけて、煮立ったら小松菜の茎を入れ、落としぶたをして1分ほど煮る。

2 小松菜の葉とさつま揚げを加え、同様に落としぶたをして2～3分煮る。

[MEMO]

小松菜を白菜やかぶに代えてもよいでしょう。

煮びたしの味つけは、酒、みりん、しょうゆが同量。砂糖は加えません。

野菜の煮ものは、味だし食材を加えてうまみを補います。野菜に甘みがあるので、砂糖を加える必要はありません。甘すぎないほうが、野菜の味が引き立ちます。

しょうゆ味

白菜とじゃこの煮びたし

煮汁をたっぷり含んだ白菜のとろけるような食感が最大の魅力です。白菜が充分にやわらかくなるまで煮てください。

材料(2人分)

白菜 ……………… **3～4枚(300g)**
⇒縦半分にして横5cm幅に切る。

ちりめんじゃこ ……… **大さじ3(15g)**

A ⇒小さめのフライパンに混ぜ合わせる

酒 ……………… **大さじ1**
みりん ……………… **大さじ1**
しょうゆ ……………… **大さじ1**
水 ……………… **½カップ**

作り方

1 Aを入れたフライパンを火にかけて、煮立ったら白菜とちりめんじゃこを加える。落としぶたをし、途中で上下を返して8～10分煮る。

[MEMO]

白菜の代わりにキャベツ、大根、かぶでもおいしい。

しょうゆ
甘辛味

豚肉のしょうが焼き

しょうが焼き用の豚肉は、焼くと丸まるので、筋切りをしなければなりませんが、薄切り肉ならその必要がなく、気軽に作れます。

みりんは加えず、甘みは砂糖だけでつけます。

しょうゆと酒は同量ずつ、砂糖はしょうゆの¼量ほどです。みりんは加えません。そのほうがパンチのある味になり、しょうがの風味も効きます。

材料(2人分)

豚ロース肉(薄切り)	10枚(200g)
サラダ油	大さじ½
小麦粉	小さじ1

A ⇒混ぜ合わせる

酒	大さじ1½
しょうゆ	大さじ1½
砂糖	小さじ1
おろししょうが	小さじ1

キャベツ	1～2枚(100g)

⇒せん切り

小麦粉をふると肉汁が逃げず、とろみもついてたれがよくからみます。豚肉をフライパンに並べきれないときは、焼けたものから端に寄せて焼きます。

焼き色がついたら、混ぜ合わせておいた調味料を加え、少し煮汁が残る程度に煮からめます。

作り方

1 フライパンにサラダ油を熱し、豚肉を広げて入れ、小麦粉をふる(**a**)。焼き色がついたら返す。

2 **A**を全体に回しかけて豚肉にからめる(**b**)。器にキャベツを敷き、その上に盛る。

[MEMO]

しょうが焼き用やとんかつ用の豚肉を使えば、ボリュームが出ます。仕上げにバターを加えると、簡単でちょっと新鮮なアレンジが楽しめます。

「甘みは控えめにして、しょうがの香りとピリッとした辛みを
ストレートに効かせます」

しょうゆ甘辛味

鶏肉の鍋照り焼き

フライパンで手軽に焼く「鍋」照り焼きです。鶏肉は皮目から入れ、しばらく返さずにじっくりと焼き、出てきた脂をふき取ってから、たれをからめます。

材料(2人分)

鶏もも肉 ………… **大1枚(300g)**
⇒余分な脂肪を取り除く

サラダ油 ………… **大さじ½＋小さじ1**

A ⇒混ぜ合わせる

酒 ………… **大さじ1½**
みりん ………… **大さじ1½**
しょうゆ ………… **大さじ1½**
砂糖 ………… **大さじ½**

ピーマン・赤ピーマン ………… **各1個(80g)**
⇒5㎜幅の縦細切り

塩、こしょう ………… **各少々**

照り焼きの味つけは煮ものの味つけから水を除いて。

調味料の割合は、筑前煮と同じく、酒1：みりん1：しょうゆ1：砂糖⅓です。肉にしっかり火を通しながら、つやが出て、少しとろみがつくまで煮汁を煮つめます。

作り方

1 フライパンにサラダ油大さじ½を熱し、2種のピーマンをしんなりするまで炒める。塩、こしょうで調味し、器に盛る。

2 フライパンをきれいにし、サラダ油小さじ1を熱して、鶏肉を皮目が下になるように入れる。フライ返しで軽く押さえながら弱めの中火で6〜7分焼く。こんがり焼き色がついたら返し、3分ほど焼いて中まで火を通す(合計9〜10分)。

3 出てきた脂をふき取り(**a**)、**A**を加えて中火にする(**b**)。途中で鶏肉を返しながら煮汁が少なくなるまで煮、皮目を下にして煮からめる。照りが出たら再び返し、煮汁が大さじ1ほどになったら火を止める。

4 食べやすく切り、**1**に盛り合わせる。

a 出てきた脂をふき取っておくと、たれがからみやすくなります。

b たれは前もって混ぜ合わせ、砂糖を溶かしておきます。

「皮目はつややかに、肉はふっくらと焼き上げて、こってりとした煮汁をからめます。冷めてもおいしいからおべんとうにも」

しょうゆ甘辛味

ぶりの照り焼き

鶏肉の鍋照り焼きと同じ味つけです。フライパンで焼くので焦がす心配がありません。表身から焼くと、見た目がきれいになります。

材料(2人分)

ぶり……2切れ(200g)
⇒塩少々をふって10分ほどおき、出てきた水けをふく

A ⇒混ぜ合わせる

酒	大さじ1½
みりん	大さじ1½
しょうゆ	大さじ1½
砂糖	大さじ½

サラダ油……小さじ1
ししとうがらし……10本(40g)

作り方

1 フライパンにサラダ油を熱し、ぶりを表身(盛りつけたときに上になる面)を下にして入れ、弱めの中火で2分ほど焼く。きれいな焼き色がついたら返し、2分ほど焼く。

2 Aを回し入れ(a)、煮立ったらあいている所にししとうがらしを加える。煮汁が大さじ2ほどになるまで煮汁をからめながら煮て、器に盛る。

a

両面を焼いてから、合わせ調味料を加えます。

[MEMO] ぶりは身が締まった背身と脂がのった腹身とで、味わいが違います。背身はさっぱり、腹身は濃厚でやわらかです。腹身で作る場合は、焼いたときに出た油をふき取ってから調味料を加えましょう。

しょうゆ甘辛味

ズッキーニの豚肉巻き焼き

野菜の肉巻き焼きも照り焼きと同じ味つけで。ズッキーニを豚バラ肉に対して斜めに置いて巻くと、肉の厚みが均一で、見た目も美しく巻けます。

材料(2人分)

ズッキーニ …… **1本(200g)**
⇒長さを半分に切り、縦4等分に切る
豚バラ肉(しゃぶしゃぶ用) …… **100g(8枚)**
サラダ油 …… **小さじ1**

A ⇒混ぜ合わせる
酒 …… **大さじ1**
みりん …… **大さじ1**
しょうゆ …… **大さじ1**
砂糖 …… **大さじ⅓**

作り方

1 ズッキーニは1個ずつ豚肉で巻く。

2 フライパンにサラダ油を熱し、**1**の巻き終わりを下にして入れ、焼き固める。返して全面に焼き色をつけ、ズッキーニに火が通るまで6～7分焼く。

3 出てきた脂をふき取り、**A**を加えて(**a**)、強めの中火にする。ときどき返して、煮汁が少なくなるまで煮からめる。

a

全体にきれいな焼き色がついたら、出てきた油をふき取って、合わせ調味料を加えます。

[MEMO] アスパラガスでも同様に作れます。いんげん、にんじん、ごぼうの場合は、レンジで軽く火を通してから、肉で巻きます。

しょうゆ甘辛味

厚焼き卵

卵は泡立てずに溶き、卵焼き器は油をよくなじませます。卵液は巻いた卵の下にも流し込んで焼くと、うまく巻けます。

材料(2人分)

卵……4個

A
- 酒……大さじ1
- しょうゆ……小さじ1
- 砂糖……大さじ1½
- 塩……ひとつまみ(1g)

サラダ油……適量
大根おろし、しょうゆ……各適量

砂糖の働きでやわらかく。

砂糖が多めです。卵焼きは砂糖の働きで、甘みだけでなく、口あたりもよくなります。

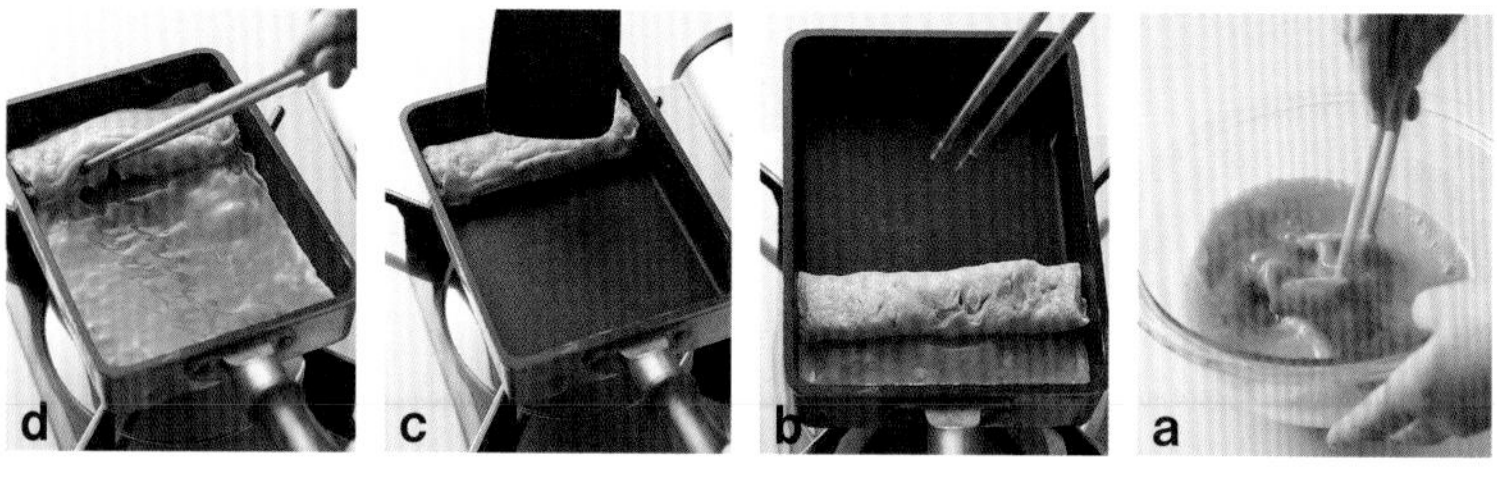

作り方

1 ボウルに卵を割り入れ、菜箸をボウルの底につけて白身を切るように溶きほぐし、Aの調味料を順に加えて混ぜる(a)。

2 卵焼き器を弱めの中火でよく熱し、サラダ油を入れて、小さくたたんだペーパータオルで全体になじませる。1の卵液をお玉1杯分入れ、鍋を回して広げる。膨らんできた部分は菜箸でつついて空気を逃がす。

3 表面が乾き始めたら、卵焼きの向こう側から箸を入れて手前に巻く(b)。卵焼きを向こう側にすべらせ(c)、油を同様に塗る。残りの卵液を同量入れ、巻いた卵の下にも卵液を流し込む(d)。

4 3の作業を卵液がなくなるまで続け、最後は卵焼きを鍋の手前に軽く押しつけて形を整える。切り分けて器に盛り、大根おろしとしょうゆを添える。

しょうゆ甘辛味

鶏そぼろ

鶏ひき肉と調味料をよく混ぜ合わせ、菜箸3～4本を使ってパラパラにほぐしながら炒りつけます。

材料(2～3人分)

	鶏ひき肉	200g
A	酒	大さじ2
	しょうゆ	大さじ2
	砂糖	大さじ2

みりんを加えず、白いごはんに合う味に。

酒、しょうゆ、砂糖を同量ずつ合わせ、キリッとエッジを立て、ごはんがすすむ味に仕上げます。

作り方

1 小さめのフライパンに、鶏ひき肉、Aを入れ、よく混ぜる(a)。

2 1を火にかけ、箸3～4本でたえず混ぜながら、そぼろ状になって水分が出てこなくなるまで炒りつける。

a

まず鶏ひき肉全体に調味料をからめてから火にかけます。

[MEMO] 同じ味つけで、牛そぼろ、豚そぼろ、牛肉のしぐれ煮も作れますが、牛肉や豚肉を使う場合は、しょうがを少し加えるとよいでしょう。

ごぼうのきんぴら

ごぼうの香りは皮や皮近くにあるので、皮はたわしでよく洗うくらいで。

材料（2人分）

ごぼう …… **1本（200g）**
⇒5㎝長さの細切りにし、水に5分ほどさらす

赤唐辛子 …… **1本**
⇒種を除く

ごま油 …… **大さじ1**

A ⇒混ぜ合わせる
- **酒** …… **大さじ1**
- **みりん** …… **大さじ1**
- **しょうゆ** …… **大さじ1**
- **砂糖** …… **小さじ1**

作り方

1 フライパンにごま油を熱し、赤唐辛子とごぼうをじっくりと5～6分炒める。

2 ごぼうがしんなりしたらAを加え、汁けがなくなるまで炒める。

酒、みりん、しょうゆは同量、砂糖はその$\frac{1}{3}$量です。

うまみ、甘み、塩味のバランスを考えたら、この黄金比になりました。どんな野菜も200gなら、この割合でおいしく作れます。

先に調味料を混ぜ合わせておけば、野菜に火を通しすぎたり、味にムラができたりすることを防げます。

れんこんのきんぴら

シャキシャキの歯ざわりが生きるように、薄めの半月切りにします。

材料(2人分)

れんこん …… **1節(200g)**
⇒3mm厚さの半月切りにし、
水にさっと通す

ごま油 …… **大さじ1**

A ⇒混ぜ合わせる

- **酒** …… **大さじ1**
- **みりん** …… **大さじ1**
- **しょうゆ** …… **大さじ1**
- **砂糖** …… **小さじ1**

白いりごま …… **大さじ½**

作り方

1 フライパンにごま油を熱し、れんこんを3～4分炒める。

2 れんこんが透き通ってきたらAを加え、汁けがなくなるまで炒め、白いりごまをふって混ぜる。

にんじんのきんぴら

甘辛い味がにんじんの甘みをさらに引き立てます。

材料(2人分)

にんじん …… **大1本(200g)**
⇒5cm長さの細切り

サラダ油(またはごま油) …… **大さじ1**

A ⇒混ぜ合わせる

- **酒** …… **大さじ1**
- **みりん** …… **大さじ1**
- **しょうゆ** …… **大さじ1**
- **砂糖** …… **小さじ1**

七味唐辛子 …… **少々**

作り方

1 フライパンに油を熱し、にんじんを2～3分炒める。

2 しんなりしたらAを加え、汁けをとばすように炒め合わせる。器に盛り、七味唐辛子をふる。

しょうゆ味

鶏のから揚げ

テッパンのしょうが風味「鶏から」です。カリッと揚がる片栗粉、しっとり揚がる小麦粉、両方を合わせてつけると、ほどよい食感になります。

材料(2人分)

鶏もも肉 …… 小2枚(400g)
⇒余分な脂肪を取り除き、大きめのひと口大に切る

A ⇒混ぜ合わせる
| 酒 …… 大さじ1½
| しょうゆ …… 大さじ1½
| おろししょうが …… 大さじ½

B ⇒混ぜ合わせる
| 片栗粉、小麦粉 …… 各大さじ4
揚げ油 …… 適量

作り方

1 鶏肉はポリ袋に入れてAをまぶし、汁けがなくなるまでよくもみ込む(a)。

2 1にBの半量を加え、全体にしっかりまぶす。残りのBを加え、混ぜすぎず、粉っぽさが表面に残る程度にまぶす。

3 180℃の揚げ油に2をくっつかないように入れ、ときどき返しながらきつね色になるまで5〜6分揚げる。油をきり、器に盛る。

調味料を鶏肉に吸い込ませるように、汁けがなくなるまでもみ込みます。

酒としょうゆ、しょうがで下味をつけます。

揚げるとボリュームが出るので、調味料は酒としょうゆだけで、すっきりとした味つけにします。調味料は肉にもみ込むようにすると、肉の中まで入ってジューシーに!

[MEMO] 鶏むね肉で作ってもおいしい。

しょうゆ味

豚肉の竜田揚げ

豚こま切れ肉をにんにく風味で香ばしく味つけし、ボリュームが出るように、片栗粉だけをまぶしてカリカリッと揚げます。

材料(2人分)

豚肉(こま切れ)	200g

A ⇒混ぜ合わせる

酒	大さじ½
しょうゆ	大さじ1
おろしにんにく	小さじ½

片栗粉	大さじ4～5
揚げ油	適量
(好みで)サニーレタス	1～2枚

作り方

1 豚肉はAをもみ込み、5分ほどおく。

2 1に片栗粉をしっかりまぶす。

3 170℃の揚げ油に2を広げて入れ、カリッとするまで3～4分揚げる。油をきり、サニーレタスを添えて器に盛る。

酒としょうゆ、にんにくで下味をつけます。

から揚げや竜田揚げの香味は、しょうがのほか、にんにくも合います。豚こま切れ肉は味をしっかりつけ、肉が薄いので水っぽくならないように、酒の分量は控えめにします。

薄めのしょうゆ味

鶏むね肉の竜田焼き 野菜あんかけ

あんかけの具材は長さと太さをそろえて切ると食べやすく、とろみとなじみます。
野菜あんは幅広く使えるので、覚えておくと便利です。

材料(2人分)

鶏むね肉(皮なし) …… **1枚(300g)**
⇒5㎜厚さでひと口大のそぎ切りにし、酒大さじ1、塩小さじ¼をまぶす

片栗粉 …… **大さじ4**

【野菜あん】

にんじん …… **⅕本(30g)**
⇒4～5㎝長さの細切り

えのきだけ …… **1袋(100g)**
⇒半分に切ってほぐす

長ねぎ …… **⅕本(20g)**
⇒4～5㎝長さの細切り

A ⇒混ぜ合わせる

酒 …… **大さじ1**
みりん …… **大さじ1**
しょうゆ …… **小さじ1**
塩 …… **小さじ½**
水 …… **⅔カップ**

【水溶き片栗粉】⇒混ぜ合わせる

片栗粉 …… **大さじ1**
水 …… **大さじ2**

サラダ油 …… **大さじ3＋小さじ1**

野菜の色をきれいに出すため、しょうゆを控え、塩を増やします。

酒1：みりん1：しょうゆ1の和食の味つけをもとに、しょうゆを同じ塩分量の塩に代えた味つけです。しょうゆ小さじ1は香りづけとして加えます。

野菜の歯ごたえを残すように、さっと炒め、Aの合わせ調味料を加えます。

水溶き片栗粉はへらで混ぜながら、全体に回し入れると、とろみがムラなくつきます。

作り方

1 鶏肉の汁けをふき取り、片栗粉をしっかりまぶす。フライパンにサラダ油大さじ3を熱し、鶏肉の表面がカリッとするまで2～3分焼き、返して同様に焼いて中まで火を通す。

2 野菜あんを作る。小さめのフライパンにサラダ油小さじ1を熱し、にんじん、えのきだけ、長ねぎの順に入れてさっと炒める。**A**を加え(**a**)、煮立ったら、水溶き片栗粉でとろみをつける(**b**)。

3 器に**1**を盛り、**2**をかける。

[MEMO]

鶏むね肉はもも肉や豚ヒレ肉でもよく、さけ、たら、さわら、かじきまぐろなどの魚に代えることもできます。

「片栗粉をまぶして、やわらかく焼いた鶏むね肉に、
やさしい味の野菜あんをかけます。
家庭料理ならではのホッとする味わいです」

薄めのしょうゆ味

おでん

いろいろな具のうまみが溶け合い、味に深みが増します。時間がかかる大根は、初めから昆布だしで煮ていきます。だしをとった昆布は結び昆布にし、具に利用しましょう。

複数の材料から出る「だし」を補助する味に。

おでんは昆布だしが加わり、さまざまな食材から複雑なうまみが出るので、味つけは薄味を心がけます。

材料(4人分)

大根 ……… **⅔本(800g)**
⇒3㎝長さに切り、皮をむく

こんにゃく ……… **小1枚(150g)**
⇒4等分の三角形に切り、水から下ゆでする

さつま揚げ(小判形) … **4枚(200g)**
さつま揚げ(ごぼう入り)
……… **2枚(130g)**
⇒ともに熱湯に通して油抜きをし、食べやすく切る

ちくわ ……… **大2本(200g)**
⇒食べやすく切る

ゆで卵 ……… **4個**
⇒殻をむく

昆布 ……… **12㎝**

A ⇒混ぜ合わせる

酒 ……… **½カップ**
みりん ……… **大さじ2**
しょうゆ ……… **大さじ2**
塩 ……… **小さじ1**

(好みで)練りからし ……… **適量**

大根は昆布だしで水からゆっくりと煮ます。

大根が透き通って竹串がすっと通るようになったら、Aの合わせ調味料で調味します。

作り方

1 鍋に水6カップと昆布、大根を入れ(**a**)、ふたをして火にかける。煮立ったら弱めの中火で10分ほど煮る。昆布を取り出し、1㎝幅に切ってひと結びする。

2 **1**の大根はやわらかくなるまで、ふたをして弱火で40分ほど煮る。

3 **A**を加えて調味し(**b**)、こんにゃく、**1**の結び昆布を加えて20〜30分煮る。2種のさつま揚げ、ちくわ、ゆで卵を加え、弱火にして全体に味がなじむまで15〜20分煮る。器に盛り、練りからしを添える。

[MEMO]

はんぺん、ちくわぶ、厚焼き卵、たこ、ブロッコリー、トマトやミニトマトなど、お好みの具を加えてください。

「わが家のおでんは関東風です。
しょうゆをもう少し控えたいなら、
しょうゆ大さじ2のうち、大さじ1を塩小さじ$\frac{1}{2}$に代えます」

みそ甘辛味

さばのみそ煮

みそはさばと相性がよく、魚の臭みを取る働きがあります。
みそを加えると焦げやすいので、
火加減に注意して煮つめ、適度なとろみをつけてください。

材料(2人分)

さば(骨つき2枚おろし) …… **1枚(240g)**
⇒水けをふき、半分に切って、皮目に十字の切り込みを入れる

しょうが …… **1かけ**
⇒薄切り

A ⇒小さめのフライパンに混ぜ合わせる

酒 …… **大さじ2**
みりん …… **大さじ2**
みそ …… **大さじ2**
しょうゆ …… **大さじ½**
砂糖 …… **大さじ1**
水 …… **½カップ**

酒、みりん、みそは同量が基本です。

みそ味の場合は、酒1:みりん1:みそ1の味つけが基本です。ただし、塩分が少なめなので、味を引き締めるためにしょうゆを少し加え、バランスを取ります。

作り方

1 Aを入れたフライパンを火にかけ、煮立ったらしょうがを加える。さばを皮目が上になるように並べ入れる(a)。

2 再び煮立ってきたら、スプーンで煮汁をすくってさばにかける。落としぶたをし、3～4分煮る。

3 さばに火が通ったら煮汁をかけながら2～3分煮て、煮汁を少しとろりとさせる。

a
さばは皮が破れないように切り込みを入れ、皮を上にして並べ入れます。

[MEMO]

さば以外の魚なら、さけがおすすめ。

「煮汁が煮立ったところにさばを入れ、
中火で時間をかけずに煮ると、魚の臭みが残りません」

みそ甘辛味

豚肉、なすとピーマンのみそ炒め

「鍋しぎ」とも呼ばれる、みそ炒めの定番です。みそが溶けにくいから、合わせ調味料にして加えましょう。ピーマンに火が通りすぎてしまう失敗が防げます。

材料(2人分)

なす …… **4本(320g)**
⇒縦半分に切り、斜め1cm幅の切り込みを入れて、斜め半分に切る

ピーマン …… **2個(80g)**
⇒ひと口大の乱切り

豚肉(こま切れ) …… **100g**

ごま油 …… **大さじ1½**

A ⇒混ぜ合わせる

酒 …… **大さじ2**

みりん …… **大さじ2**

みそ …… **大さじ2**

しょうゆ …… **大さじ½**

砂糖 …… **大さじ½**

みそ炒めは、みそ煮よりも砂糖の量を控えます。

酒、みりん、みそ、しょうゆの割合は、さばのみそ煮と同じですが、みそ煮と同じ割合の砂糖を加えると、野菜の甘みもあるので、炒めものには甘すぎてしまいます。砂糖の量は好みですが、みそ煮の半分に控えたほうがバランスのよい味になります。

作り方

1. フライパンにごま油を熱し、なすを皮目が下になるように入れ、ふたをして3分ほど蒸し炒めにする。しんなりしたら返し、再びふたをして同じく3分ほど蒸し炒めにする。
2. 中央をあけて豚肉とピーマンを入れ、強めの中火でほぐしながら炒める。
3. 肉の色が変わったら、Aを回し入れて(a)、汁けがなくなるまで炒め煮にする。

豚肉と野菜に火が通ったら、混ぜ合わせておいたAの調味料を加えます。

[MEMO]

豚肉の代わりに鶏肉でも作ることができます。

「なすはふたをして蒸し炒めにしたほうが、
早くしんなりするだけでなく、使う油の量も少なくてすみます」

酢じょうゆ味

さけの南蛮漬け

揚げた魚をピリ辛酢じょうゆだれに漬けます。
つけ合わせの野菜もたっぷり加え、おかずサラダ風に。
さけは塩をふって余分な水けをふき、雑味を除いてから揚げます。

材料(2人分)

生さけ ………… **2切れ(200g)**
⇒1切れを3～4等分に切り、塩ひとつまみをふって10分ほどおき、出てきた水けをふく

ししとうがらし ………… **10本(40g)**
⇒竹串で穴をあける

玉ねぎ ………… **¼個(50g)**
⇒縦薄切り

小麦粉、揚げ油 ………… **各適量**

A ⇒小鍋に混ぜ合わせる

酒	大さじ2
みりん	大さじ2
しょうゆ	大さじ2
酢	大さじ2
砂糖	大さじ⅔
水	½カップ
赤唐辛子	1本

⇒種を取り除く

筑前煮の味に酢を加えます。

砂糖は筑前煮と同様、酒、みりん、しょうゆの⅓量に、酢は酒などと同量を加えて、全体を水で割ります。あっさりとして食べやすい味です。

作り方

1 Aを入れた鍋を火にかけ、さっと煮立ててアルコール分をとばし、バットに移す。

2 生さけにごく薄く小麦粉をまぶし、余分な粉をはたいて落とす。

3 揚げ油を170℃に熱し、ししとうがらしを10秒ほど素揚げにし、1にひたす。続けて2をカラッとなるまで7～8分揚げ、1にひたす(a)。

4 玉ねぎを加え、味がなじんだら器に盛る。

a

熱いうちに漬け汁につけると、味がなじみやすくなります。

[MEMO]

南蛮漬けといったら、骨ごと食べられるまで揚げた小あじが定番ですが、三枚おろしにしたあじや、切り身魚も利用することもできます。

「熱くても冷めても、おいしいおかずのひとつです。
3～4日は冷蔵保存できるので、多めに作っておくと、
おべんとうや、あと一品欲しいときに役立ちます」

きゅうりとわかめの酢のもの

三杯酢おかずの代表です。きゅうりとわかめは水けを取るのがコツ。

材料（2人分）

きゅうり ………… **1本（100g）**
⇒1〜2㎜幅の小口切りにし、塩少々をふって5分ほどおき、水けを絞る

わかめ（塩蔵） ………… **10g**
⇒手でもんで塩を洗い流し、水けを絞る

A ⇒ボウルに混ぜ合わせる

しょうゆ	**小さじ1**
砂糖	**小さじ1**
酢	**大さじ1**

作り方

1 小鍋に湯を沸かし、わかめを一瞬つけて冷水にとる。水けを絞り、ひと口大に切る。

2 **A**を入れたボウルに、きゅうりと**1**を入れてあえる。

大根のごま酢あえ

三杯酢にすりごまを加えれば、ごま酢になります。

材料（2人分）

大根 ………… **⅙本（200g）**
⇒4㎝長さに切って縦3〜4㎜幅の細切り

大根の茎 ………… **2㎝**
⇒小口切り

A ⇒ボウルに混ぜ合わせる

しょうゆ	**小さじ1**
砂糖	**小さじ1**
酢	**大さじ1**
白すりごま	**大さじ1**

作り方

1 大根と大根の茎を合わせ、塩小さじ⅓（分量外）をふって10分ほどおき、水けを絞る。

2 **A**を入れたボウルに、**1**を加えてあえる。

酢のものの味つけの基本は三杯酢です。

三杯酢は酢としょうゆに砂糖を加えたものです。ごまやわさびを加えてアレンジも可能です。

キャベツのからしあえ

練りからしの爽快な辛みが魅力です。からしあえは、アスパラガスやブロッコリーにも合います。

材料（2人分）

キャベツ ………… **2〜3枚（200g）**
⇒芯を取り、5〜6㎝長さ、1.5㎝幅に切る。芯は薄切り

A ⇒ボウルに混ぜ合わせる

- **しょうゆ** ………… **大さじ½**
- **砂糖** ………… **小さじ⅓**
- **塩** ………… **少々**
- **練りからし** ………… **小さじ½**

作り方

1. 耐熱容器にキャベツを入れ、ラップをして電子レンジ(600W)で4分ほど加熱し、粗熱が取れるまでおく。
2. **A**を入れたボウルに、水けを絞った**1**を加えてあえる。

ほうれん草のごまあえ

水っぽくなるから、ゆでたあとは水にとらずにあえます。

材料（2人分）

ほうれん草 ………… **1束（200g）**
⇒4㎝長さに切って、茎と葉先に分ける

A ⇒ボウルに混ぜ合わせる

- **しょうゆ** ………… **大さじ½**
- **砂糖** ………… **小さじ1**
- **白すりごま** ………… **大さじ1**

作り方

1. 鍋にたっぷりの湯を沸かし、ほうれん草の茎、葉先の順に入れてゆでる。ざるにあげ、粗熱が取れたら水けを絞る。
2. **A**を入れたボウルに、**1**を加えてあえる。

あえものはしょうゆと砂糖がベースです。

しょうゆの量はそのまま、砂糖の量はごまやからしなど香味材料の量によって変えます。

ごま豆腐味

アスパラガスの白あえ

豆腐と白ごまがベースの白あえ衣は、甘めで口あたりはなめらか、やさしい味です。アスパラガスは塩を強めにしてゆで、味がボケないようにします。

材料(2人分)

アスパラガス ……… **5～6本(150g)**
⇒根元1cmを切り、そこから5cmまでの皮をむいて3cm長さに切る

塩 ……… **小さじ1**

【白あえ衣】

木綿豆腐 ……… **½丁(150g)**
⇒厚みを半分にし、ペーパータオルに包んで10分ほどおく

白練りごま ……… **小さじ2**

A ⇒混ぜ合わせる

砂糖 ……… **小さじ2**

塩 ……… **小さじ⅓**

しょうゆ ……… **少々**

砂糖と塩がベース、しょうゆは風味づけ。

豆腐、ごまの濃厚さと白さを生かすため、調味料は砂糖と塩をメインにし、しょうゆはごく控えめに加えます。

作り方

1 鍋に水2カップを沸かし、塩を加えて、アスパラガスを2分ほどゆでる。ざるにあげ、粗熱を取る。

2 白あえ衣を作る。ボウルに白練りごまを入れ、豆腐を加えて、フォークで少しずつくずしながら混ぜる(**a**)。**A**を加えて混ぜ合わせ、**1**を加えてあえる。

a
練りごまは混ざりにくいので、先に豆腐とよく混ぜておきます。

[MEMO]

ほうれん草、にんじん、春菊などの野菜のほか、きのこ、ひじきなども合います。複数の具を合わせて加えるのもおすすめです。

甘酢味

かぶの甘酢漬け

ポリ袋に入れて1時間もすればでき上がり！
簡単時短な漬けものです。
赤唐辛子を加えると、味にアクセントがつきます。

酢3、砂糖2、
塩は砂糖の1/6量が
目安です。

甘酢といっても、甘さは素材の味を邪魔しない程度です。また、素材の色を損なわないように、塩味は塩で調えます。

材料(2人分)

かぶ ……… **2個(250g)**
⇒茎を1cm残して葉先を除き、
皮ごと2～3mm厚さの半月切り

赤唐辛子 ……… **小1本**
⇒小口切り

A ⇒ポリ袋に混ぜ合わせる

酢	**大さじ1½**
砂糖	**大さじ1**
塩	**小さじ½**

作り方

1 **A**を入れたポリ袋に、かぶと赤唐辛子を加え(**a**)、空気を抜いて封をし、1時間ほどおく。

2 かぶがしんなりしたら水けをきり、器に盛る。

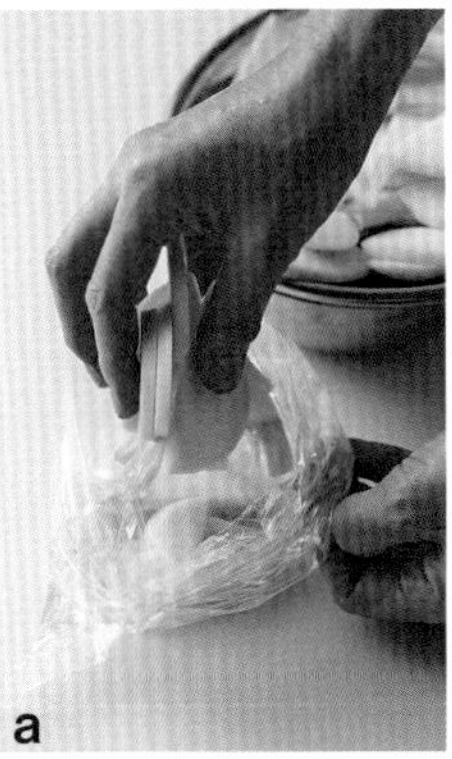

a

甘酢を入れたポリ袋にかぶを漬けるだけ。ポリ袋漬けは手軽に作れます。

[MEMO]

れんこん、きゅうり、にんじん、パプリカなど何でも漬けられます。みょうがや新しょうが、紫玉ねぎなどをさっとゆでて漬けると、色が鮮やかになってきれいです。

甘酢味

ちらしずし

お誕生日やひな祭りなど、祝いごとのたびに作られてきた伝統のごちそうです。すし酢は割合を覚えておくと便利。巻きずしやいなりずし、手巻きずしなど、家庭のおすしに幅広く使えます。

材料(4人分)

米 ………… 2合
⇒洗って炊飯器に入れ、同量の水(360㎖)を加えて30分浸水させる

【すし酢】

A ⇒混ぜ合わせる
- **酢** ………… **大さじ3**
- **砂糖** ………… **大さじ2**
- **塩** ………… **小さじ1⅓**

【煮もの】

干ししいたけ ………… 3枚(15g)
⇒水でもどしてせん切り

にんじん ………… 大⅓本(60g)
⇒3㎝長さのせん切り

れんこん ………… 100g
⇒小さめのいちょう切りにし、さっと水に通す

B
- **酒、みりん、砂糖** ………… 各大さじ1
- **しょうゆ** ………… 小さじ1
- **塩** ………… 少々
- **水** ………… ½カップ

【錦糸卵】

卵 ………… 2個

C
- **砂糖** ………… 大さじ½
- **塩** ………… 少々

サラダ油 ………… 適量

【ゆでえび】

むきえび ………… 100g
⇒あれば背わたを取り、片栗粉(分量外)をもみ込んで洗う

D
- **酒、水** ………… 各大さじ1
- **塩** ………… 少々

絹さや ………… 20g
⇒塩ゆでして流水で冷まし、斜めせん切り

甘酢しょうが ………… 適量

すし酢は、酢3、砂糖2、塩は砂糖の1/4弱が目安です。

甘酢(p.49)よりも塩を強めにします。酢はごはんと相性がよい米酢がおすすめです。

作り方

1 米を炊く。

2 小鍋にBとしいたけを入れて落としぶたをし、弱火で5分ほど煮る。にんじん、れんこんを加えて3分ほど煮、落としぶたを取って煮汁がなくなるまで煮る。

3 ボウルに卵を割りほぐし、Cを加えて混ぜる。フライパンにサラダ油を薄くひき、卵液の⅓を薄く流し広げ、弱めの中火で両面を焼く。同様に2枚焼き、せん切りにする。

4 小鍋にDを弱火で煮立てる。えびを加え、色が変わるまでゆでて、粗熱が取れたらざるにとる。

5 1のごはんが炊き上がったら飯台(またはボウル)に移し、Aを回しかけて混ぜる(a)。2を加えてざっと混ぜ、器に盛って、3の錦糸卵、絹さや、4のえびを散らし、甘酢しょうがを添える。

a

ごはんはかために炊き、熱いうちに、混ぜ合わせておいたすし酢を加えます。しゃもじで切るように混ぜ、うちわであおいでツヤを出します。

「赤、黄、緑、黒が入ると、華やかになります。
赤はえび、にんじん、おぼろなど、黄は卵、緑はいんげんや絹さや、
黒はきのこやのりなどがおすすめです」

しょうゆ味

鶏肉と根菜の炊き込みごはん

具のうまみと調味料がからんだ米粒がつややか。
炊きムラができないように、
米と具は混ぜずに、具を米にのせて炊きます。

しょうゆの一部を塩に代えます。

炊き込みごはんは、酒1：しょうゆ1ですが、ごはんにあまり色をつけたくないときは、しょうゆの一部を塩に置き換えます。

材料（4人分）

米 ………… 2合
⇒洗って炊飯器に入れ、水300mℓを加えて30分浸水させる

A ⇒混ぜ合わせる
- **酒** ………… 大さじ2
- **しょうゆ** ………… 大さじ½
- **塩** ………… 小さじ⅔

鶏もも肉 ………… 小½枚（100g）
⇒1.5cm角に切り、酒、しょうゆ各小さじ1をまぶす

ごぼう ………… 50g
⇒ささがきにし、水に5分さらす

しめじ ………… 小1パック（100g）
⇒長いものは半分に切ってほぐす

にんじん ………… ⅓本（50g）
⇒3cm長さのせん切り

作り方

1. 米にAを加えて混ぜ合わせ（a）、鶏肉、ごぼう、しめじ、にんじんの順に混ぜないでのせ、普通に炊く。

a

浸水させた米にAの調味料を加え、混ぜ合わせます。水の量は、米に加える調味料、具に加える調味料、野菜から出る水分を考慮して、白米を炊くときの7.5割程度にします。

しょうゆ味

かき玉うどん

溶き卵はめんつゆにとろみをつけてから流し入れます。下からそっとかき混ぜてください。卵がふわっと上に浮かび上がってきます。

材料(2人分)

- うどん(冷凍)……2玉(400g)
- 卵……2個
  - ⇒溶きほぐす
- 長ねぎ……5cm (15g)
  - ⇒小口切り

A ⇒小鍋に混ぜ合わせる(a)

- だし汁……2カップ
- みりん……大さじ3
- しょうゆ……大さじ3

【水溶き片栗粉】⇒混ぜ合わせる

- 片栗粉……大さじ1
- 水……大さじ2

めんつゆの素はみりんとしょうゆを同量。

めんつゆの素はみりんとしょうゆだけで作り、だし汁で割って使います。

【だし汁のとり方】

水4カップに昆布10gを入れて10分ほどおき、弱火にかける。煮立ってきたら昆布を取り出し、中火にして削り節5gを加えて火を止める。削り節が沈むのを待ち、ペーパータオルを敷いたざるで漉す。

作り方

1. うどんは袋の表示どおりに熱湯で温め、器に入れる。
2. Aを入れた鍋を火にかけ、煮立ったら水溶き片栗粉でとろみをつける。
3. 再び煮立ったら溶き卵を細く回し入れ、下からゆっくりかき混ぜる。1に注ぎ、長ねぎを散らす。

a

だし汁をみりんとしょうゆで調味し、めんつゆを作ります。

塩味

シンプル茶碗蒸し

茶碗蒸しは蒸し器がないと作れないと思っていませんか？
フライパンで直に加熱して作れるやり方を紹介します。
「地獄蒸し」と呼ばれる蒸し方です。

卵1個に
水カップ½＋調味料と
覚えると便利。

卵の持ち味を生かすため、みりんは加えません。しょうゆは濃い色がついてしまうので風味づけに使います。

材料（2人分）

卵 …… 2個
⇒ボウルに割り入れ、よく溶きほぐす

A ⇒混ぜ合わせる

酒 …… 小さじ1
しょうゆ …… 小さじ½
塩 …… 小さじ¼
水 …… 1カップ

かまぼこ …… 4切れ(40g)
しめじ …… 小½パック(50g)
⇒小房に分ける
みつば …… 少々
⇒2～3cm長さに切る

作り方

1 卵を入れたボウルにAを加えて混ぜ合わせ、ざるで漉す。

2 蒸し茶碗にかまぼことしめじを入れ、1の卵液を静かに注ぐ。アルミ箔でふたをする。

3 フライパンに水を1cm深さまで入れ、沸騰させる。火を止め、ペーパータオルを4つ折りにして敷き、2を並べ入れる。

4 3にふたをして火にかける(a)。煮立ったらそのまま2分蒸し、弱火にしてさらに10～15分蒸す。表面が少し膨らみ、竹串を刺すと澄んだ汁が出れば完成。みつばをのせる。

湯をはったフライパンに蒸し茶碗を入れ、ふたをして蒸します。でき上がりは竹串を刺して確かめ、濁った汁が出るときは、さらに2～3分蒸します。

2章

洋風の味つけレシピ

洋食のポイントはソース。
ホワイトソース、ハンバーグソース、
トマトソースなど、ソースさえマスターすれば、
具材を代えるだけで
料理のレパートリーが広がるレシピが
いろいろあります。
ピカタ生地やキッシュ生地も同様。
おいしい楽しみ方を見つけてください。

クリーム味

チキンマカロニグラタン

マカロニは軽く曲げられるほどやわらかくゆでると、ソースとの口あたりがよくなります。ホワイトソースは、具を炒めながら作る、失敗しにくい方法を紹介します。

材料(2人分)

マカロニ …… **50g**
鶏もも肉 …… **1枚(250g)**
⇒2～3㎝大に切って塩、こしょう各少々をふる

玉ねぎ …… **⅓個(70g)**
⇒縦薄切り

マッシュルーム …… **100g**
⇒厚めの薄切り

【ホワイトソース】

バター …… **大さじ3**
小麦粉 …… **大さじ3**
牛乳 …… **3カップ**
塩 …… **小さじ½**
こしょう …… **少々**

A | **パン粉** …… **大さじ2**
| **パルメザンチーズ** …… **大さじ1**
バター …… **大さじ½**
⇒7㎜角に切る

バター1：小麦粉1、牛乳はバター大さじ1に対して1カップが基本。

バターと小麦粉を炒め、牛乳を加えて作るホワイトソースの場合も、この割合で作れます。

作り方

1 鍋に水5カップを煮立て、塩小さじ1(分量外)とマカロニを入れる。マカロニがくっつかないように2～3分かき混ぜ、袋の表示よりも長めにゆでる。ざるにあげてラップをする。

2 具を炒めながらホワイトソースを作る。フライパンにバターを溶かし、鶏肉、玉ねぎ、マッシュルームを弱めの中火で色づけずに炒め、小麦粉をふって炒める(**a**)。牛乳を一気に注ぎ(**b**)、中火でとろみがつくまで混ぜながら煮立てる。**1**を加えて混ぜ、塩、こしょうで調味する(**c**)。

3 グラタン皿に**2**を入れ、**A**をふって、バターを散らす。予熱した220℃のオーブンで20分ほど焼いて焼き色をつける。

[MEMO]

マッシュルームは、しいたけ、しめじに代えることができます。まいたけはソースが黒ずんでしまうので避けたほうが無難です。

a

鶏肉の色が変わり、玉ねぎが透き通ってきたら、小麦粉を加えます。

b

小麦粉の粉が見えなくなるまで炒めて、冷たい牛乳を一気に加えます。

c

焦げないように鍋底からよくかき混ぜ、フツフツと煮立ってきて、とろみがつくまで火を通します。

「具と小麦粉を炒めて牛乳を加える作り方は、
ダマになりにくいやり方です。牛乳は冷たいものを加えます。
そうすることで、小麦粉が牛乳に溶けやすくなります」

クリーム味

ポーククリームシチュー

バター、小麦粉は、グラタンのホワイトソースと同じ割合ですが、シチューは牛乳に水を加えてとろみとコクを調節します。市販のルーとは違う味わいを楽しんでください。

材料(2人分)

豚肉(こま切れ) …… **200g**
⇒食べやすく切り、塩、こしょう各少々をまぶす

にんじん …… **1本(150g)**
⇒太い部分は縦半分にし、5㎜厚さに切る

玉ねぎ …… **½個(100g)**
⇒6等分のくし形切り

じゃがいも …… **小2個(200g)**
⇒ひと口大に切る

いんげん …… **5～6本(50g)**
⇒3㎝長さに切る

水 …… **1½カップ**

【ホワイトソース】

バター …… **大さじ3**
小麦粉 …… **大さじ3**
牛乳 …… **1½カップ**
塩 …… **小さじ⅔**
こしょう …… **少々**

作り方

1 フライパンにバターを溶かし、にんじん、玉ねぎ、じゃがいもを弱めの中火で炒める。豚肉を加えてほぐしながら炒め(**a**)、小麦粉をふって炒める(**b**)。

2 水を加えて中火で煮立て、アクを取り、ふたをして弱火で8～10分煮る。

3 いんげんと牛乳を加えて中火にし(**c**)、塩、こしょうで調味する。静かに混ぜながら、なめらかなとろみがつくまで3～4分煮る。

a
野菜全体にバターがまわるまで炒めてから、豚肉を加えます。

b
肉同士がくっつかないように、豚肉の色が変わるまで炒めてから、小麦粉をふり入れます。

c
にんじん、じゃがいも、玉ねぎに火が通ったら、牛乳を加えます。いんげんは火が通りやすいので、この段階で加えます。

[MEMO]

豚角切り肉、ひと口大に切った鶏もも肉で作る場合は、作り方**2**で煮るときの時間を10分にします。

「冷えた体を芯から温めてくれるおかずです。バターと牛乳の
食欲をそそる香り、なめらかな舌ざわりは自家製ならではの魅力。
豚こま切れ肉を使うと、手軽に作れます」

ケチャップ・ソース味

煮込みハンバーグ

ハンバーグをふっくら焼き上げるコツは、卵を加えないこと。卵の凝固力で肉が締まり、かたくなってしまうからです。

材料(2人分)

合いびき肉	**200g**
玉ねぎ ⇒みじん切り	**⅓個(70g)**
パン粉	**½カップ**
牛乳	**½カップ**
塩	**小さじ⅓**
こしょう	**少々**

【ハンバーグソース】

玉ねぎ ⇒縦薄切り	**½個(100g)**
トマト ⇒1cm角に切る	**1個(150g)**

A ⇒混ぜ合わせる

トマトケチャップ	**大さじ2**
ウスターソース	**大さじ½**
塩	**小さじ¼**
こしょう	**少々**

サラダ油	**大さじ½+大さじ½**
(好みで)ブロッコリー ⇒熱湯に塩少々を加え、ゆでる	**適量**

ケチャップにソースを加えて深みを出します。

玉ねぎとトマトを炒め煮にして、ケチャップとウスターソースで調味します。ケチャップだけでは深みが出ませんが、ソースを加えることで甘さと酸味のバランスがよくなり、肉に合う味になります。

作り方

1 ボウルに合いびき肉、玉ねぎ、パン粉、牛乳、塩、こしょうを入れてよく混ぜ合わせる。2等分にして小判形に丸め、空気を抜きながら形を整える。

2 フライパンにサラダ油大さじ½を熱し、**1**を入れる。ふたをずらしてかけ、弱めの中火で3分ほど焼く。返して同様にふたをし、弱火で6～7分焼く。透明な汁が出てきて、中央が膨らんできたら取り出す。

3 ハンバーグソースを作る。**2**のフライパンをさっとふき、サラダ油大さじ½を熱して玉ねぎを炒める。しんなりしてきたらトマトを加え、くずれるまで煮て、**A**を加える。

4 **3**に**2**を加え、ソースをからめる。器にソースを敷いて、ハンバーグを盛り、ブロッコリーを添える。

[MEMO]

急ぎのときは、焼いたあとのフライパンにトマトケチャップとウスターソースを加えて、焼いたハンバーグにかけても。

「炒めた玉ねぎとトマトもソースの一部です。玉ねぎの甘みとトマトのうまみがソースにボリュームをもたらします」

ケチャップ・ソース味

ポークチャップ

ケチャップ味のポークチャップも、煮込みハンバーグと同じソースをかけます。豚肉の両面をカリッと焼き上げると、極上の一品に！

「豚の厚切り肉で簡単に作れ、見ばえがするおかずです。
豚肉は筋切りをしておくと、肉が丸まらず、
焼き色がきれいにつきます」

材料(2人分)

豚ロース肉(とんかつ用) …… **2枚(240g)**
⇒脂肪の外側に4～5か所切り込みを入れて筋切りをし、塩、こしょう各少々(分量外)を両面にふる

白ワイン …… **¼カップ**

【ハンバーグソース】

玉ねぎ …… **½個(100g)**
⇒縦薄切り

トマト …… **1個(150g)**
⇒1cm角に切る

A ⇒混ぜ合わせる

- **トマトケチャップ** …… **大さじ2**
- **ウスターソース** …… **大さじ½**
- **塩** …… **小さじ¼**
- **こしょう** …… **少々**

サラダ油 …… **大さじ½＋大さじ½**

作り方

1 フライパンにサラダ油大さじ½を熱し、豚肉を2分ほど焼く。きれいな焼き色がついたら返し、2分ほど焼く。白ワインをふり、豚肉を汁ごと取り出す。

2 ハンバーグソースを作る。**1**のフライパンにサラダ油大さじ½を熱し、玉ねぎを薄く色づくまで炒める。しんなりしてきたらトマトと**1**の汁を加え(**a**)、くずれるくらいまで煮て、**A**を加える(**b**)。

3 **2**に**1**を加え、ソースをからめる。器に豚肉を盛り、ソースをかける。

[MEMO]

つけ合わせには、粉ふきいも、ゆでたブロッコリー、いんげんのバターソテーなどがおすすめです。

a

玉ねぎをしんなりして香ばしい香りが出るまで炒めて、トマトを加えます。

b

トマトが煮くずれたら、ケチャップ、ソース、塩、こしょうで調味します。

カレー味

チキンカレー

玉ねぎは3分以上炒めると、うまみが出てきます。できれば量が半分に減るまで茶色く炒めてください。ミックススパイスのガラムマサラを加えると、スカッとスパイシー！

材料（2人分）

鶏もも肉 ⇒ひと口大に切る	**小2枚（400g）**
玉ねぎ ⇒1cm幅のくし形切り	**1個（200g）**
にんじん ⇒ひと口大の乱切り	**1本（150g）**
じゃがいも ⇒ひと口大に切る	**2個（300g）**
サラダ油	**大さじ2**

【カレー】

にんにく、しょうが ⇒すりおろす	**各1かけ**
カレー粉	**大さじ1**
小麦粉	**大さじ4**
水	**2½カップ**
トマト ⇒1cm角に切る	**1個（150g）**

A ⇒混ぜ合わせる

トマトケチャップ	**大さじ1**
しょうゆ	**大さじ1**
はちみつ	**大さじ1**
塩	**小さじ1⅓**
こしょう	**少々**
（好みで）**ガラムマサラ**※	**小さじ1**

ごはん	**適量**

※シナモン、カルダモン、クローブ、クミンなど数種を調合したミックススパイス。カレー粉とは異なり、黄色いターメリックは入っていません。少量をカレーの風味を高めるために使います。

カレー粉、基本調味料、香味野菜だけでおいしく。

スパイスの調合を行わずに味わい深いカレーが作れます。水と一緒に加えるトマトは、スープの素の役目。また、はちみつを加えることによって、全体がマイルドにまとまります。

作り方

1 フライパンにサラダ油を熱し、玉ねぎを強めの中火で3分ほど炒める。

2 鶏肉を加えて色が変わるまで炒め、にんじんとじゃがいもを加えて1分炒める。にんにくとしょうがを加えてさらに炒め、カレー粉を加えて炒める（**a**）。香りが立ったら小麦粉を加え（**b**）、粉っぽさがなくなるまで炒める。

3 水とトマトを加え、アクを取る。**A**で調味し（**c**）、ふたをして、弱めの中火でときどき混ぜながら20分煮る。器にごはんを添えて盛る。

定価
1,650円
（10%税込）

この書籍の税込価格は、
定価一六五〇円（本体一五〇〇円＋税一〇%）

発[illegible]
一般社団[illegible]光協会

カレー粉は加えるだけでなく、炒めることによって、スパイシーな香りを立てます。

小麦粉はとろみになります。全体にふり、粉が見えなくなるまで炒めます。

トマトケチャップ、しょうゆ、はちみつを加え、塩、こしょうで味のバランスを調えます。

[MEMO]

このカレーは鶏肉だけでなく、豚肉、牛肉、ひき肉にも合います。

マヨネーズ味

ポテトサラダ

じゃがいもは粉ふきにして水分をとばし、
きゅうりも玉ねぎもよく水けを取る、
そこがおいしさの決め手です。

材料(2人分)

じゃがいも ……… **2個(300g)**
⇒3cm大に切る

にんじん ……… **⅓本(50g)**
⇒3mm厚さのいちょう切り

きゅうり ……… **½本(50g)**
⇒小口切りにして、塩少々をふり、
5分ほどおいて水けを絞る

玉ねぎ ……… **¼個(50g)**
⇒縦薄切りにし、冷水に1～2分つけて
2～3回もみ、水けをしっかり絞る

ハム ……… **2枚(30g)**
⇒1.5cm角に切る

【マヨネーズソース】
⇒ボウルに混ぜ合わせる

マヨネーズ ……… **大さじ4**
レモン汁 ……… **小さじ1**
塩、こしょう ……… **各少々**

作り方

1. 鍋にじゃがいも、にんじんを入れ、ひたひたの水と塩少々(分量外)を加える。ふたをして煮立て、弱めの中火にして、竹串がすっと通るまで10分ほどゆでる。
2. 1の湯を捨て、火にかけながら鍋を揺すって水分をとばし、粗熱を取る。
3. マヨネーズソースを入れたボウルに、2、きゅうり、玉ねぎ、ハムを加えてあえる。

マヨネーズにレモン汁を加えて軽やかに。

レモン汁を少し加えると、マヨネーズの濃厚さがやわらぎ、後味もさわやかになります。

[MEMO]

ゆで卵1個を加えれば、さらにリッチに!

マヨネーズ味

チキンフライ タルタルソースかけ

タルタルソースがあれば、チキンフライはごちそうです。肉のしっとり、衣のサクサク、ソースのなめらかさ、多彩な食感が加わり、満足感がアップします。

材料(2人分)

鶏むね肉 …… 1枚(300g)
⇒ひと口大に切り、塩小さじ½、こしょう少々をふる

【フライ衣】
- 小麦粉 …… 適量
- 溶き卵 …… 1個分
- パン粉 …… 適量

揚げ油 …… 適量

【タルタルソース】
⇒混ぜ合わせる
- マヨネーズ …… 大さじ4
- 玉ねぎ(みじん切り) …… 大さじ2
- パセリ(みじん切り) …… 小さじ1
- ゆで卵(みじん切り) …… 1個分
- ピクルス(みじん切り) …… 大さじ1
- レモン汁 …… 少々
- 塩、こしょう …… 各少々

ベビーリーフ …… 適量

マヨネーズソースに薬味とゆで卵を加えます。

玉ねぎとパセリの香味、ゆで卵のコク、ピクルスとレモンの酸味がマヨネーズの単調さを変えます。食感の違いも味わいのひとつです。

作り方

1 鶏肉にフライ衣を順につける。

2 揚げ油を170℃に熱し、**1**をくっつかないように入れる。表面が固まったらときどき返し、持ち上げると軽くなるまで3～4分揚げる。

3 器に**2**を盛り、タルタルソースをかけ、ベビーリーフを添える。

[MEMO]

白身魚、えび、ほたてなど魚介のフライ、チキン南蛮にもどうぞ。

ガーリックオイルピリ辛味

スパゲッティ・ペペロンチーノ

パスタの基本ソース。野菜やきのこのソテーにもどうぞ。

材料(2人分)

スパゲッティ …… **160g**

【ペペロンチーノソース】

A
- **オリーブ油** …… **大さじ1**
- **にんにく** …… **小1かけ**
  ⇒みじん切り
- **赤唐辛子** …… **小1本**
  ⇒種を除く

アンチョビ …… **10g**

塩、粗びき黒こしょう …… **各少々**

アンチョビを加えてうまみを補います。

本来はにんにくと赤唐辛子だけですが、アンチョビを加え、うまみと香りをアップします。

作り方

1 鍋に湯1.5ℓを沸かし、塩大さじ½(分量外)を入れて、スパゲッティを袋の表示どおりにゆでる。

2 ペペロンチーノソースを作る。フライパンに**A**を入れて弱火で香りが出るまで炒め、アンチョビを加えてさっと炒める。

3 **1**のスパゲッティとゆで汁½カップを**2**に加えて炒め合わせる。味をみて塩で調え、器に盛って、黒こしょうをふる。好みでオリーブ油をかけても。

ペペロンチーノソースを使って

キャベツのペペロンチーノ

材料(2人分)

ペペロンチーノソース(上記参照) …… **全量**

キャベツ …… **¼個(300g)**
⇒ひと口大に切る

作り方

上記作り方**2**と同様に、ペペロンチーノソースを作り、キャベツを加えて、しんなりするまで炒める。味をみて塩、こしょう各少々(分量外)で味を調える。

ケチャップ味

スパゲッティ・ナポリタン

玉ねぎ、ピーマン、ハムは
大きさをそろえて切り、
スパゲッティとの口あたりをよくします。

材料(2人分)

スパゲッティ	160g

【ナポリタンソース】

玉ねぎ ⇒縦5㎜幅の薄切り	**½個(100g)**
ピーマン ⇒横5㎜幅の細切り	**1個(40g)**
ハム ⇒半分に切り、5㎜幅に切る	**3枚(40g)**
オリーブ油	**大さじ1**

A ⇒混ぜ合わせる

トマトケチャップ	**大さじ5**
トマト ⇒1㎝角に切る	**1個(150g)**

塩、こしょう	**各少々**
(好みで)パルメザンチーズ	適量

ケチャップに
トマトを加えて
フレッシュに!

生のトマトを加え、ケチャップ味をマイルドに。トマトの酸味が加わることによって、フレッシュな印象になります。

作り方

1 鍋に湯1.5ℓを沸かし、塩大さじ½(分量外)を入れて、スパゲッティを袋の表示どおりにゆでる。

2 **1**と同時に、ナポリタンソースを作る。フライパンにオリーブ油を熱して、玉ねぎ、ピーマンをしんなりするまで炒める。ハムを入れてさっと炒め、**A**を加えてひと煮する。

3 **1**のスパゲッティを**2**に加えて炒め、**1**のゆで汁大さじ2、塩、こしょうで味を調える。器に盛り、パルメザンチーズをふる。

[MEMO]

ハムはベーコンやウインナーソーセージに代えても。

トマト味

スパゲッティ・トマトソース

基本のトマトソースに、にんにくと赤唐辛子を加えて、ペペロンチーノ風のパンチを効かせます。

材料(2人分)

スパゲッティ……160g

A
- オリーブ油……大さじ2
- にんにく……1かけ
  ⇒つぶす
- 赤唐辛子……1本
  ⇒種を除く

【トマトソース】

トマト缶(カットタイプ)……1缶(400g)

B
- 塩……小さじ⅔
- こしょう……少々
- 砂糖……大さじ½

(好みで)パルメザンチーズ……適量

砂糖でトマト缶の酸味をやわらげます。

トマト缶の酸味が勝ってしまうので、砂糖を隠し味程度に加えると、酸味とのバランスが取れます。

作り方

1 鍋に湯1.5ℓを沸かし、塩大さじ½(分量外)を入れて、スパゲッティを袋の表示どおりにゆでる。

2 1と同時に、トマトソースを作る。フライパンにAを入れて弱火で香りが出るまで炒め、トマト缶を加える(a)。ときどき混ぜながら5分ほど煮て、Bで調味する(b)。

3 1のスパゲッティとゆで汁大さじ5～6を2に加えて炒め合わせる。器に盛り、パルメザンチーズをふる。

a Aにトマト缶を加えます。

b 砂糖は甘さというよりも、まろやかにするための役目です。

[MEMO]

トマトソースは冷凍保存もおすすめ(2～3週間保存可能)。

トマト味

鶏肉のトマト煮

スパゲッティ・トマトソースと同じソースに、玉ねぎとピーマンを加えて、鶏肉を煮ます。簡単ながらもごちそう感がある一品ができます。

材料(2人分)

鶏もも肉 …… **大1枚(300g)**
⇒余分な脂肪を取り、ひと口大に切って、塩小さじ¼、こしょう少々をふる

小麦粉 …… **大さじ1**

にんにく …… **½かけ**
⇒つぶす

玉ねぎ …… **½個(100g)**
⇒2㎝幅のくし形切り

ピーマン …… **2個(80g)**
⇒縦横半分に切る

オリーブ油 …… **大さじ1**

【トマトソース】

トマト缶(カットタイプ) …… **1缶(400g)**

水 …… **½カップ**

A
- **塩** …… **小さじ⅔**
- **こしょう** …… **少々**
- **砂糖** …… **大さじ½**

作り方

1. 鶏肉に小麦粉をまぶす。フライパンにオリーブ油を熱し、鶏肉を皮目が下になるように入れ、にんにくを加えて3分ほど焼く。
2. 鶏肉を返して端に寄せ、中央に玉ねぎとピーマンを入れて1～2分炒める。
3. 鶏肉を入れたまま、トマトソースを作る。**2**の出てきた油をふき取り、トマト缶と分量の水を加え、ふたをして、弱めの中火で10分ほど煮る。仕上げに**A**で味を調える。

[MEMO]

トマトソースには、豚厚切り肉や、さば、あじ、いわしなどの青背の魚も合います。

トマト味

スパゲッティ・ミートソース

香味野菜をたっぷり加えて、甘みを引き出します。最後に味をみたとき、肉のうまみが残り、野菜に歯ざわりが感じられるくらいがベストです。

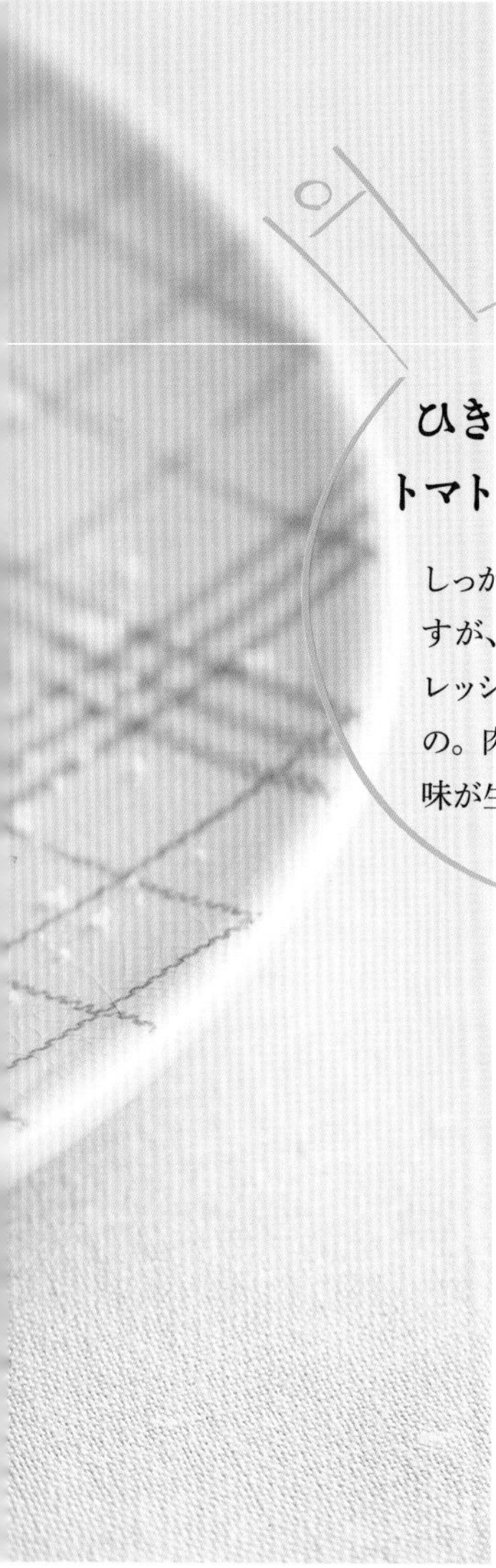

材料(2人分)

スパゲッティ …… 160g

【ミートソース】

合いびき肉 …… 150g

香味野菜 ⇒みじん切りにする

- 玉ねぎ …… ¼個(50g)
- にんじん …… ⅓本(50g)
- セロリ …… ⅕本(30g)
- にんにく …… ½かけ

トマト缶(カットタイプ) …… 1缶(400g)

ローリエ …… ½枚

オリーブ油 …… 大さじ1

小麦粉 …… 大さじ½

A
- 塩 …… 小さじ1
- こしょう …… 少々
- 砂糖 …… 大さじ½

(好みで)パルメザンチーズ …… 適量

ひき肉と野菜を炒め、トマトソースの味つけで。

しっかり煮込むレシピもありますが、煮る時間を短くしたフレッシュタイプも捨てがたいもの。肉のうまみと野菜の持ち味が生きます。

[MEMO]

ゆでたじゃがいも、焼いたなすにかけてミートグラタンに。ラザニアにも欠かせません。

作り方

1 ミートソースを作る。フライパンにオリーブ油を熱し、玉ねぎ、にんじん、セロリを薄く色づくまで炒める。にんにくを加えて炒め、香りが出たら合いびき肉を加え、肉の色が変わるまでほぐしながら炒めて、小麦粉をふり入れて炒める。

2 粉っぽさがなくなったら、トマト缶、ローリエを加えて混ぜる。ふたをして、ときどき混ぜながら5分ほど煮て、Aで調味する。

3 鍋に湯1.5ℓを沸かし、塩大さじ½(分量外)を入れて、スパゲッティを袋の表示どおりにゆでる。

4 3のスパゲッティを器に盛って、2のミートソースをかけ、パルメザンチーズをふる。

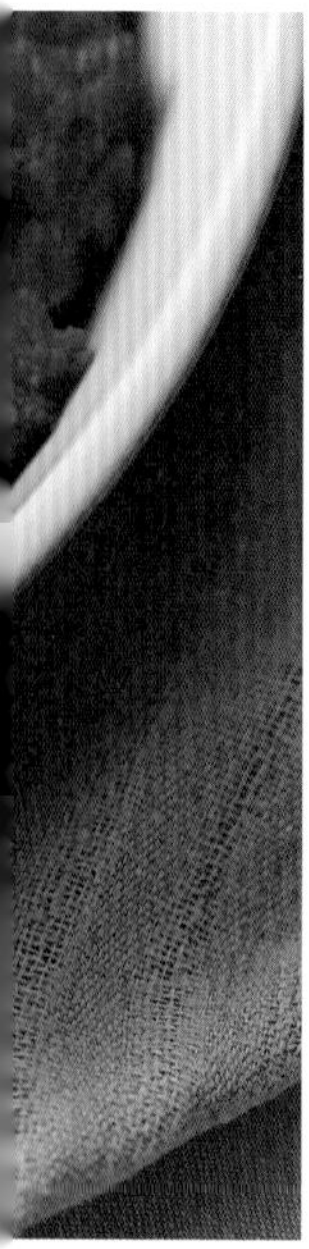

ミートソースを使って

ポテトミートソースグラタン

材料(2人分)

ミートソース(右記参照)
…………………… **½量(約250g)**

じゃがいも …………………… **2個(300g)**
⇒薄切り

塩 …………………… **少々**
ピザ用チーズ …………………… **50g**

作り方

1 耐熱皿にじゃがいもを並べ、塩をふる。ラップをふんわりとかけ、電子レンジ(600W)で6分ほど加熱する。

2 **1**の上にミートソースをのせ、チーズをふる。オーブントースターで7〜8分、または220℃のオーブンで8〜10分焼く。

ケチャップ味

オムライス

**鶏肉、玉ねぎ、マッシュルーム入りのチキンライスを
やわらかな卵焼きで包みます。
卵焼きは焼くときにバターを加えて、香ばしい風味をつけて。**

シンプルに トマトケチャップの味に 頼ります。

卵と炒めごはんの口あたりのやさしさが郷愁を誘います。こういう料理はあまりいじらず、シンプルな味に仕上げます。

材料(2人分)

【チキンライス】

鶏もも肉 …… **小½枚(100g)**
⇒1㎝角に切る

玉ねぎ …… **¼個(50g)**
⇒1㎝角に切る

マッシュルーム …… **4個(50g)**
⇒5㎜厚さに切る

サラダ油 …… **大さじ1**
温かいごはん …… **300g**

【ケチャップソース】

A ⇒混ぜ合わせる
| **トマトケチャップ** …… **大さじ3**
| **塩** …… **小さじ½**
| **こしょう** …… **少々**

【卵焼き】

卵 …… **4個**
塩、こしょう …… **各少々**
B|サラダ油、バター …… **各大さじ1**
(好みで)トマトケチャップ …… **適量**

作り方

1 チキンライスを作る。フライパンにサラダ油を熱し、玉ねぎを透き通るまで炒める。鶏肉を加えて炒め、色が変わったらマッシュルームを加えてさっと炒める。ごはんを加え、ほぐしながら炒め合わせ、**A**を加えて調味する。2等分する。

2 オムライスを1人分ずつ作る。ボウルに卵2個、塩、こしょうを加え、卵白を切るようにほぐす。

3 フライパンを熱し、**B**の½量を入れて**2**を流し広げる。表面が半熟状になったら、**1**の½量をのせ、卵で包む。フライパンの縁に寄せて形を整え、器にひっくり返して盛り、残りも同様に作る。ケチャップをかける。

[MEMO]

卵焼きで巻くのが難しければ、卵を半熟状のスクランブルエッグにして、チキンライスにのせても。

「ごはんをケチャップ、塩、こしょうで調味したら、ベチャッとした感じがなくなって、ごはん粒がふんわりするまで炒めます」

ケチャップしょうゆ味

ハッシュドビーフライス

ハヤシライスとも呼ばれます。ドミグラスソースを使わず、トマト、ケチャップ、しょうゆで作ります。軽やかで、肉のうまみが伝わるレシピです。

材料(2人分)

牛肉(切り落とし) …… **200g**
⇒塩、こしょう各少々をふる

玉ねぎ …… **½個(100g)**
⇒縦薄切り

マッシュルーム …… **1パック(100g)**
⇒縦半分に切る

にんにく …… **½かけ**
⇒みじん切り

小麦粉 …… **大さじ2**
サラダ油 …… **大さじ1**
白ワイン …… **大さじ2**
水 …… **1カップ**

【ハッシュドビーフソース】

A ⇒混ぜ合わせる

- **トマト** …… **½個(100g)**
  ⇒1cm角に切る
- **トマトケチャップ** …… **大さじ1**
- **しょうゆ** …… **大さじ1**

塩、こしょう …… **各少々**

バター …… **大さじ1**

温かいごはん …… **300〜400g**

しょうゆが味をまとめます。

味のベースはトマトケチャップです。トマトでうまみを補い、しょうゆで塩みと風味をまろやかに調えます。日本独特の洋食だけあって、しょうゆがよく合います。

作り方

1 フライパンにサラダ油を熱し、玉ねぎを強めの中火で色づくまで5〜6分炒める。中火にし、にんにくを加えて炒める。香りが立ったら牛肉を加え、肉の色が変わるまで炒める。小麦粉をふり入れ、粉っぽさがなくなるまで炒める。

2 白ワインを回しかけてアルコール分をとばし、マッシュルームを加えて炒める。

3 分量の水を加え、煮立ったらAで調味して(**a**)、1分ほど煮る。味をみて、塩とこしょうで調え、仕上げにバターを加えて香りをつける。器にごはんを添えて盛る。

トマトはアミノ酸の一種であるグルタミン酸を含み、調味料の役目をします。

[MEMO]

きのこは、しめじ、しいたけでも。

「温かいごはんにバターを加えて混ぜるだけの
簡単バターライスを添えるのも、おいしいものです」

卵チーズ味

スパゲッティ・カルボナーラ

スパゲッティの熱で卵がモロモロにならないように、ソースは火を止めてから加え、再び弱火にかけて、混ぜながらとろみをつけます。

材料（2人分）

スパゲッティ	**160g**
ベーコン	**3枚(45g)**
⇒1㎝幅に切る	
オリーブ油	**小さじ1**

【カルボナーラソース】

⇒混ぜ合わせる

溶き卵	**2個分**
パルメザンチーズ	**30g**
生クリーム	**大さじ4**

塩	**少々**
粗びき黒こしょう	**適量**

作り方

1. 鍋に湯1.5ℓを沸かし、塩大さじ½（分量外）を入れて、スパゲッティを袋の表示より1分短くゆでる。
2. フライパンにオリーブ油を熱し、ベーコンを炒めて火を止める。
3. **2**に**1**のスパゲッティとゆで汁大さじ2～3を加えてさっとあえ、カルボナーラソースを加えてひと混ぜする。弱火にかけて、混ぜながらとろみをつけ、味をみて塩で調味する。器に盛り、仕上げに黒こしょうをふる。

生クリームを加えるとなめらかに仕上がります。

卵とパルメザンチーズだけよりも、生クリームを加えるほうが舌ざわりがよく、ダマもできにくくなります。

[MEMO]

スパゲッティをペンネやフジッリなどショートパスタに代えたり、ベーコンを炒めるときに、きのこを加えても。

卵チーズ味

ポークピカタ

ピカタはパルメザンチーズ入りの卵液を肉にからめて焼く、イタリア由来の料理です。やさしい卵衣に包まれて、肉もやわらか。

材料(2人分)

豚ロース肉(しょうが焼き用) …… **6枚(200g)**
⇒豚肉は半分に切り、塩小さじ⅓、
こしょう少々をふる

小麦粉 …… **適量**

【ピカタ生地】
⇒混ぜ合わせる

溶き卵 …… **2個分**
パルメザンチーズ …… **大さじ4**
パセリ(みじん切り) …… **大さじ2**

オリーブ油 …… **大さじ2〜3**

溶き卵に
パルメザンチーズと
パセリを加えて、
香ばしく、風味よく。

卵の生地がはがれないように、肉に小麦粉をふってからピカタ生地をからめます。

作り方

1 豚肉に小麦粉を薄くつける。

2 フライパンにオリーブ油を熱し、1の半量をピカタ生地につけ、並べ入れる。2〜3分焼いたら返し、同じように焼いてきれいな焼き色をつける。残りの豚肉も同様に焼く。途中オリーブ油が少なければ大さじ1ほどを足す。

[MEMO]

鶏むね肉のそぎ切り、軽くたたいた豚ヒレ肉やささ身、または、たら、たい、かきなどでも作れます。

卵クリーム味

ブロッコリーときのこのキッシュグラタン

パイ生地を作らず、中身の卵生地だけを耐熱容器で焼きます。焼くときは、低めの温度のオーブンでゆっくりと。具を代えればバリエーションを楽しめます。

材料(650mℓの耐熱容器1台分)

ブロッコリー …… **½個(150g)**
⇒小さめの小房に分ける

ベーコン …… **2枚(30g)**
⇒1cm幅に切る

しめじ …… **小1パック(100g)**
⇒小房に分ける

ピザ用チーズ …… **50g**

【キッシュ生地】
⇒混ぜ合わせる(a)

溶き卵 …… **2個分**
牛乳 …… **½カップ**
生クリーム …… **¼カップ**
塩 …… **小さじ⅓**
こしょう …… **少々**

卵2個に、牛乳100mℓ、生クリーム50mℓが基本です。

このわかりやすい割合の生地に、塩とこしょうを加えて調味します。牛乳だけよりも生クリームを加えたほうが、コクが出て、食感もなめらかです。

a 卵を割りほぐし、牛乳と生クリームを加えて混ぜ、塩、こしょうをします。混ぜるときは泡立て器のほか、フォークも使いやすいです。

b 具全体にまんべんなくキッシュ生地を流し入れます。

作り方

1 ブロッコリーは塩少々(分量外)を入れた熱湯で1〜2分ゆで、ざるにあげる。

2 耐熱容器に**1**、ベーコン、しめじ、チーズを均等に入れ、キッシュ生地を流し込む(**b**)。

3 予熱した160℃のオーブンに**2**を入れ、35〜40分焼く。表面が膨らみ、焼き色がついたら焼き上がり。

[MEMO]

ベーコンをさけやえびに代える、きのこだけで作る、塩ゆでしたほうれん草とウインナーソーセージの組み合わせなど、お好みの具でどうぞ。

「皮なしキッシュはふんわり、やわらかな口あたりになるように、
160℃のオーブンで35〜40分かけて加熱します」

ブロッコリーのポタージュ

ブロッコリーに玉ねぎを加えて甘みを補います。

材料(2人分)

- **ブロッコリー** …… **大½個(200g)**
  ⇒小さめの小房に切り、茎は皮を厚くむいて薄切りにする
- **玉ねぎ** …… **¼個(50g)**
  ⇒縦薄切り
- **サラダ油** …… **大さじ½**
- **水** …… **1カップ**

A ⇒混ぜ合わせる

- **牛乳** …… **¾カップ**
- **塩** …… **小さじ⅔**
- **こしょう** …… **少々**

作り方

1 鍋にサラダ油を熱して、ブロッコリー、玉ねぎを入れ、ふたをして弱火にする。ときどき混ぜながら、5分ほど蒸し炒めにする。

2 分量の水を加えて煮立て、アクを取る。再びふたをし、弱火で10分ほどやわらかくなるまで煮る。

3 粗熱が取れたら、ミキサーにかけてピュレ状にする。

4 鍋に戻して再び煮立て、**A**を加えて温める。

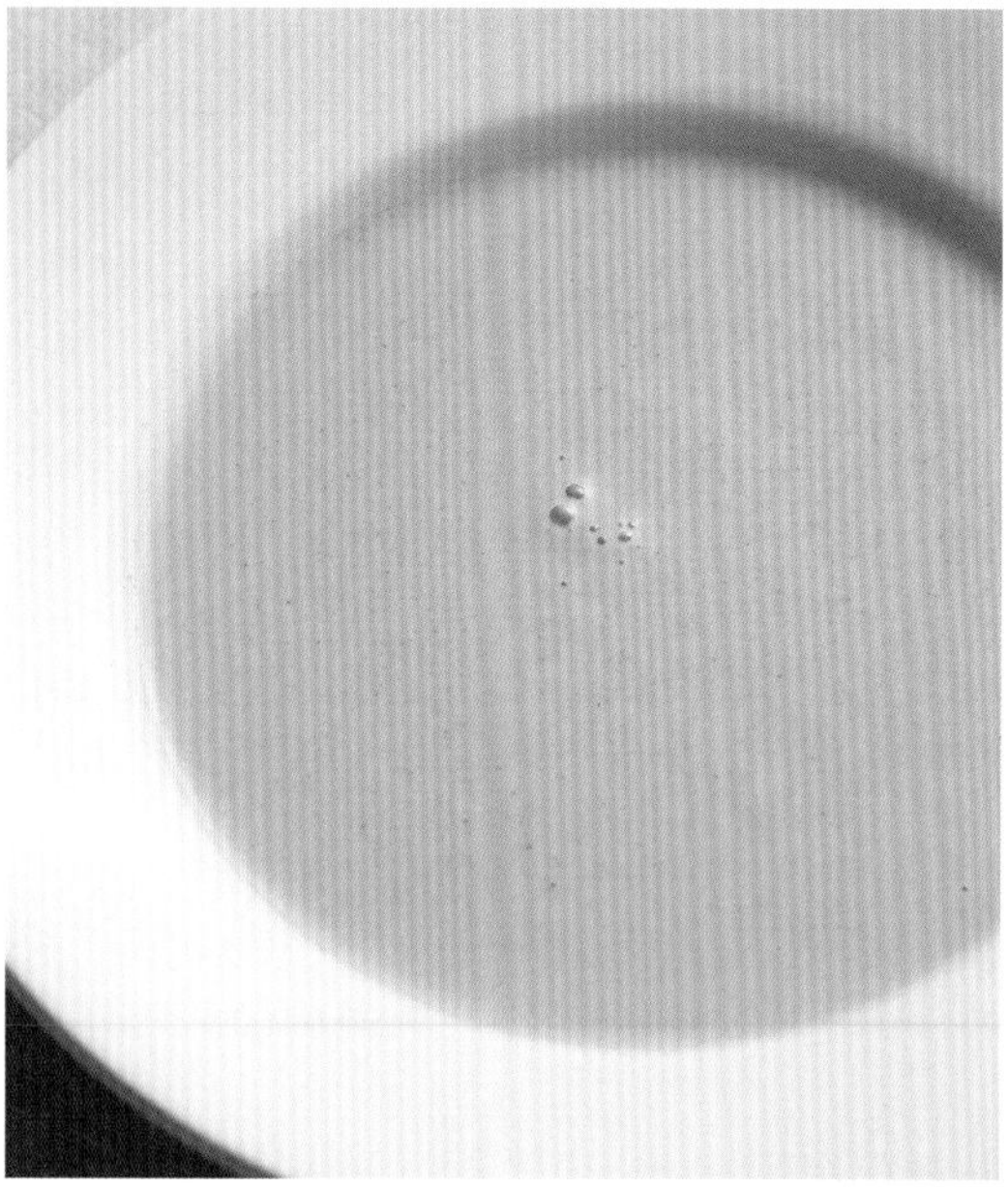

牛乳¾カップに塩小さじ⅔とこしょう少々。

野菜は2人分で200〜250gを用意し、水1〜1½カップを加えて煮て、ミキサーにかけてピュレ状にします。これを牛乳液でのばして温めるだけ。

仕上げに牛乳を加えたら煮立てないように。牛乳、塩、こしょうは、先に混ぜ合わせておくと安心。

にんじんのポタージュ

具だけを先にミキサーにかけ、汁は後から加えて、なめらかなピュレに。

材料(2人分)

- **にんじん** …… **大1本(200g)**
  ⇒薄いいちょう切り
- **玉ねぎ** …… **¼個(50g)**
  ⇒縦薄切り
- **サラダ油** …… **大さじ½**
- **水** …… **1½カップ**

A ⇒混ぜ合わせる

- **牛乳** …… **¾カップ**
- **塩** …… **小さじ⅔**
- **こしょう** …… **少々**

作り方

1. 鍋にサラダ油を熱して、にんじん、玉ねぎを入れ、ふたをして弱火にする。ときどき混ぜながら5分ほど蒸し炒めにする。
2. 分量の水を加えて煮立て、アクを取る。再びふたをし、弱火で20分ほどやわらかくなるまで煮る。
3. 粗熱が取れたら、具だけをミキサーに入れて回し、ピュレ状になったら残りの汁を加えて回す。
4. 鍋に戻して再び煮立て、**A**を加えて温める。

じゃがいものポタージュ

冷たくしてもおいしいポタージュです。玉ねぎはねぎ½本に代えても。

材料(2人分)

- **じゃがいも** …… **1個(150g)**
  ⇒5㎜厚さのいちょう切り
- **玉ねぎ** …… **¼個(50g)**
  ⇒縦薄切り
- **サラダ油** …… **大さじ½**
- **水** …… **1½カップ**

A ⇒混ぜ合わせる

- **牛乳** …… **¾カップ**
- **塩** …… **小さじ⅔**
- **こしょう** …… **少々**

作り方

1. 鍋にサラダ油を熱して、じゃがいも、玉ねぎを入れ、ふたをして弱火にする。ときどき混ぜながら、色づけないように5分ほど蒸し炒めにする。
2. 分量の水を加えて煮立て、アクを取る。再びふたをし、じゃがいもが煮くずれるくらいまで弱火で10分ほど煮る。
3. 粗熱が取れたら、ミキサーにかけてピュレ状にする。
4. 鍋に戻して再び煮立て、**A**を加えて温める。

ドレッシングとサラダ

Column

豆腐と水菜のサラダ

**濃厚で香りがよい
練りごまドレッシングは、
淡泊な食材にかけて。**

材料(2人分)

木綿豆腐 ……… **1丁(300g)**
⇒ひと口大に切り、ペーパータオルの上で10分水きりをする

水菜 ……… **¼束(50g)**
⇒3～4㎝長さに切る

【和風ごまドレッシング】
⇒Aを混ぜ合わせ、
ごま油を加えて混ぜる

A	白練りごま	大さじ½
	酢	大さじ½
	しょうゆ	大さじ½
	砂糖	小さじ1
	塩	少々
	白すりごま	大さじ½

ごま油 ……… **小さじ1**

作り方

1 器に豆腐と水菜を混ぜて盛り、和風ごまドレッシングをかける。

ロメインレタスのシーザーズサラダ

**シャキシャキのレタスと半熟卵を
にんにくとアンチョビ入りの
ドレッシングで。**

材料(2人分)

ロメインレタス ……… **3～4枚(150g)**
⇒ひと口大にちぎる

卵(冷蔵庫から出したて) ……… **1個**
⇒熱湯から6分ゆで、殻をむく

パルメザンチーズ ……… **10g**

【シーザーズドレッシング】
⇒Aを混ぜ合わせ、
オリーブ油を加えて混ぜる

A	アンチョビ ⇒みじん切り	1枚
	おろしにんにく	少々
	粒マスタード	大さじ½
	塩	小さじ¼
	こしょう	少々
	レモン汁	大さじ½

オリーブ油 ……… **大さじ1½**

作り方

1 器にロメインレタスを盛り、ゆで卵を手で4つに割りながらのせる。シーザーズドレッシングをかけ、パルメザンチーズをふりかける。

コールスローサラダ

**朝はいつもパン食なら、
作りおきをしておくと便利。**

材料(2人分)

キャベツ ……… **2枚(200g)**
⇒せん切り

玉ねぎ ……… **¼個(50g)**
⇒縦薄切り

塩 ……… **少々**

ホールコーン(パウチタイプ) ……… **1袋(50g)**

【フレンチドレッシング】
⇒Aを混ぜ合わせ、
オリーブ油を加えて混ぜる

A	酢	大さじ½
	塩	小さじ¼
	こしょう	少々

オリーブ油(またはサラダ油) ……… **大さじ1**

作り方

1 ボウルに、キャベツ、玉ねぎを入れ、塩をふって混ぜ、15分ほどおく。

2 しんなりしたら軽く水けを絞り、ホールコーン、フレンチドレッシングを加えてあえる。

ドレッシングの基本は、酢と油、塩、こしょうをよく混ぜ合わせたソースです。
酢と油の割合は1：2を基本として、ほかに加える材料によって変えています。
多めに作り、残ったら冷蔵庫で保存しても。ただし、1週間以内に使いきりましょう。

白菜とハムのサラダ

焼き肉やチヂミの副菜に、コチュジャンで調味したサラダはいかが。

材料(2人分)

白菜 ……… **2～3枚(200g)**
⇒縦半分に切り、芯の部分は横薄切り、葉先は5㎜幅に切る

ハム ……… **2枚(30g)**
⇒半分に切って細切り

【韓国風ドレッシング】
⇒Aを混ぜ合わせ、ごま油を加えて混ぜる

A	おろしにんにく	少々
	白すりごま	大さじ½
	コチュジャン	小さじ1
	しょうゆ	大さじ½
	酢	大さじ½
	砂糖	小さじ1
ごま油		小さじ1

作り方

1 ボウルに白菜とハムを入れ、韓国風ドレッシングを加えてあえる。

豆苗とにんじんのサラダ

香りが強い野菜には、オイスターソース入りのドレッシングがぴったり。

材料(2人分)

豆苗 ……… **1パック(300g)**
⇒4㎝長さに切る

にんじん ……… **⅓本(50g)**
⇒4㎝長さのせん切り

【中華ドレッシング】
⇒Aを混ぜ合わせ、ごま油を加えて混ぜる

A	しょうゆ	大さじ½
	オイスターソース	大さじ½
	酢	大さじ½
ごま油		大さじ½

作り方

1 ボウルに豆苗とにんじんを入れ、中華ドレッシングを加えてあえる。

きゅうりとトマトのサラダ

おろし玉ねぎを加えたフレンチドレッシングは、どんなサラダにも調和。

材料(2人分)

きゅうり ……… **1本(100g)**
⇒乱切り

ミニトマト ……… **½パック(100g)**

【玉ねぎドレッシング】
⇒Aを混ぜ合わせ、サラダ油を加えて混ぜる

A	おろし玉ねぎ	大さじ1(15g)
	酢	大さじ½
	塩	小さじ¼
	こしょう	少々
サラダ油		大さじ1

作り方

1 器にきゅうりとミニトマトを色のバランスよく盛り、玉ねぎドレッシングをかける。

たれとソース

市販品に頼りがちなたれやソースも、基本調味料と買いおきの食材を混ぜ合わせるだけで作れます。自家製なら使う分だけ作ればよく、市販品を買うと使いきれないという悩みも解消できます。

ポン酢しょうゆ

すだち、かぼす、ゆず、レモンなどの絞り汁にしょうゆと砂糖を加えるだけ。ゆずやレモンは皮をすりおろして加えると、香りが華やかになります。

材料(2人分)

しょうゆ	**大さじ1**
かんきつ類の絞り汁	**大さじ1**
砂糖	**小さじ½**

⇒混ぜ合わせる

[こんな料理に]

・鍋もののつけだれ
・酢のもの(きゅうりとわかめの酢のもの、もずく酢など)
・しゃぶしゃぶのつけだれ
・油を加えて、和風ドレッシングに

しゃぶしゃぶ用ごまだれ

練りごま風味の濃厚なしょうゆだれに、甘みと酸味を軽く効かせます。好みで一味唐辛子などの辛みを加えてもよいでしょう。

材料(2人分)

白練りごま	**大さじ1**
しょうゆ	**大さじ1**
砂糖	**小さじ1**
酢	**小さじ1**

⇒混ぜ合わせる

[こんな料理に]

・しゃぶしゃぶのつけだれ
・蒸し鶏のたれ
・あえもの(春菊のごま酢あえ、ささ身ときゅうりのごま酢あえなど)

梅肉だれ

梅肉は、酒、砂糖、しょうゆを加えて水でのばすとマイルドになり、使いやすくなります。甘さは梅干しの味によって加減してください。

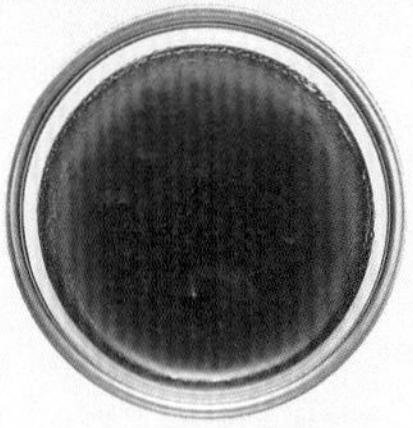

材料(2人分)

梅肉(塩分15%)	**15g**
酒	**小さじ1**
砂糖	**小さじ1**
しょうゆ	**小さじ1**
水	**大さじ1**

⇒混ぜ合わせる

[こんな料理に]

・あえもの(れんこん、長いも、大根、かぶなど白い野菜の梅肉あえ、いかときゅうりの梅肉あえなど)
・スティック野菜に添えて
・油を加えて、梅ドレッシング
・焼いた肉や魚に添えて
・炒めれんこんの味つけに

からし酢みそ

しょうゆ味とは目先を変えたいときに役立つ、みそ味のたれです。甘口のみその場合は、砂糖の量を加減してください。

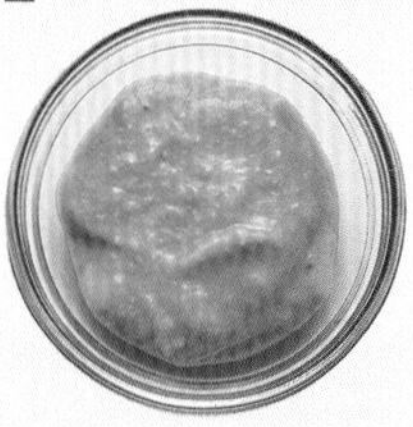

材料(2人分)

みそ(信州みそ)	**大さじ1**
練りからし	**小さじ½**
酢	**大さじ½**
砂糖	**大さじ1**

⇒混ぜ合わせる

[こんな料理に]

・あえもの(ほたてとねぎのぬた、わかめときゅうりの酢みそあえ、ほたるいかの酢みそあえなど)
・豚肉のローストやソテーに添えて

オーロラソース

マヨネーズのコクとトマトケチャップの甘みと酸味がとてもよく合います。色が美しいソースなので、食卓も華やぎます。

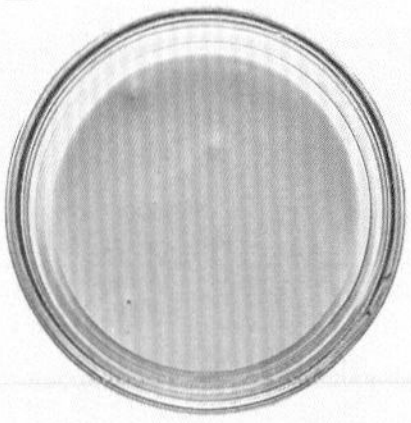

材料(2人分)

マヨネーズ	**大さじ2**
トマトケチャップ	**大さじ1**
レモン汁	**少々**
こしょう	**少々**

⇒混ぜ合わせる

[こんな料理に]

・サラダ(トマトのサラダ、ツナとセロリのサラダなど)
・オムレツにかけて
・豚肉と玉ねぎの炒めものに
・豚肉のしゃぶしゃぶ用つけだれ

3章

中華の味つけレシピ

ホイコーロー、オイスターソース炒めなど、
中華では食材の持ち味を失わないように、
モタモタしないで一気に仕上げたい料理が
たくさんあります。
そこで役立つテクニックが、合わせ調味料。
先に調味料を混ぜておけば、
調理がスムーズ。シャキッとジューシーな
炒め物も失敗なく作れます。

甜麺醤味

ホイコーロー

キャベツは豚肉と大きさをほぼそろえると、食べやすくなります。キャベツを加えたら、焦がさないように炒めましょう。

材料(2人分)

豚バラ肉(薄切り) ……… **150g**
⇒5～6cm長さに切る

キャベツ ……… **¼個(300g)**
⇒大きめのひと口大に切る

玉ねぎ ……… **½個(100g)**
⇒横1cm幅に切る

にんにく、しょうが ……… **各½かけ**
⇒薄切り

サラダ油 ……… **大さじ½**

【ホイコーローだれ】

豆板醤 ……… **小さじ½**
甜麺醤(テンメンジャン) ……… **大さじ1**

A ⇒混ぜ合わせる

酒 ……… **大さじ½**
しょうゆ ……… **大さじ½**
塩 ……… **小さじ⅓**
こしょう ……… **少々**

作り方

1. フライパンにサラダ油を熱し、にんにくとしょうがを香りよく炒め、豚肉を広げながら入れて強めの中火で炒める。
2. 中央をあけ、豆板醤、甜麺醤の順に入れて炒め(**a**)、香りが出てきたら、キャベツと玉ねぎを加えて炒める。仕上げに**A**を回し入れ(**b**)、しんなりするまで炒める。

豆板醤と甜麺醤の香りを立てることが決め手。

豆板醤は辛みを、甜麺醤はみその香りを立てるために炒めます。にんにくとしょうがの香りと混ざり合い、風味がグンと高まります。

豆板醤と甜麺醤は加えたらそれぞれひと炒めして油となじませ、香りを立たせてから野菜を加えます。

最後に酒としょうゆ、塩、こしょうで味を調えて、香ばしく仕上げます。

[MEMO] 豚バラ肉の脂を抑えたいときは、肉を炒めた後で、余分な脂をペーパータオルでふき取るとよいでしょう。

「本格的には豚バラかたまり肉をゆでて使いますが、
薄切り肉を利用して、もっと気楽に作ります」

オイスターソース味

牛肉とパプリカのオイスターソース炒め

牛肉は色が変わるまで炒めて取り出し、パプリカを生っぽさがなくなるまで炒めたら、肉を戻して、合わせ調味料を加えます。

材料（2人分）

牛肉（切り落とし） …… **150g**
⇒酒小さじ1、しょうゆ小さじ½で下味をつける

片栗粉 …… **小さじ1**

赤パプリカ …… **1個（150g）**
⇒2㎝幅のくし形に切り、長さを斜め半分に切る

玉ねぎ …… **1個（100g）**
⇒2㎝幅のくし形切り

しょうが …… **½かけ**
⇒薄切り

サラダ油 …… **大さじ½＋大さじ1**

【オイスターソースだれ】
⇒混ぜ合わせる（a）

オイスターソース …… **大さじ1**
酒 …… **大さじ½**
しょうゆ …… **小さじ1**
砂糖 …… **小さじ½**
こしょう …… **少々**
片栗粉 …… **小さじ½**
水 …… **大さじ1**
ごま油 …… **小さじ½**

オイスターソースの味をやわらげます。

オイスターソースを酒としょうゆで割り、そのものの味をやわらげます。水溶き片栗粉と香りづけのごま油も加えて混ぜ、一気に調味します。

作り方

1. フライパンにサラダ油大さじ½を熱し、牛肉に片栗粉をまぶして入れ、ほぐしながら炒めて取り出す。
2. フライパンをきれいにし、サラダ油大さじ1を強めの中火で熱し、しょうがを炒める。香りが出たら赤パプリカと玉ねぎを入れて2分ほど炒める。
3. **2**に**1**を戻し入れ、オイスターソースだれを回し入れて手早く炒め合わせる（**b**）。

a 炒める前に、調味料はすべて混ぜ合わせておきます。

b オイスターソースだれを回し入れたら、さっと炒め合わせて調味料を行きわたらせます。

[MEMO] パプリカは好みの色で。同量のピーマンやアスパラガスに代えても。

「オイスターソースだれは、いろいろな炒めものに使えます。
とても役立つ合わせ調味料です」

ケチャップ味

えびのチリソース炒め

プリッとしたえび、ピリッと辛いケチャップだれの組み合わせが絶妙です。
えびは炒める直前に片栗粉をまぶし、うまみを逃さずに！

「えびは片栗粉をもみ込んで洗うと、
汚れや臭みが取れます」

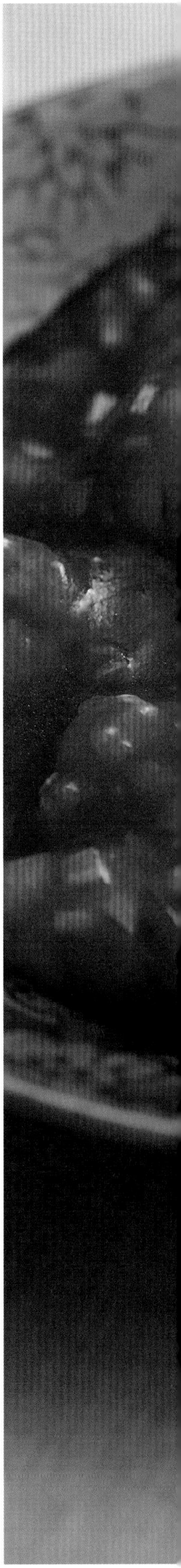

材料(2～3人分)

むきえび …… **200g**
⇒あれば背わたを取り、
片栗粉小さじ1をもみ込んで洗い、
水けをふく。酒小さじ1、塩少々をもみ込む

片栗粉 …… **小さじ2**

にんにく …… **½かけ**
⇒みじん切り

しょうが …… **1かけ**
⇒みじん切り

サラダ油 …… **大さじ½＋大さじ1**

【中華チリソース】

豆板醤 …… **小さじ½**

A ⇒混ぜ合わせる(a)

- **トマトケチャップ** …… **大さじ3**
- **酒** …… **大さじ1**
- **しょうゆ** …… **大さじ½**
- **砂糖** …… **小さじ1**
- **こしょう** …… **少々**
- **片栗粉** …… **小さじ1**
- **水** …… **½カップ**

長ねぎ …… **⅕本(20g)**
⇒みじん切り

豆板醤は炒めて香りを出します。

調味料はとろみづけの片栗粉も含めて合わせ調味料にしておきますが、豆板醤は合わせずに炒めて香りと辛みを立たせます。

作り方

1 フライパンにサラダ油大さじ½を熱し、えびに片栗粉をまぶして入れ、炒める。八分どおり火が通ったら取り出す。

2 フライパンをきれいにし、サラダ油大さじ1を熱して、にんにく、しょうがを弱めの中火で炒める。香りが出たら、豆板醤を加えて香りを立たせ、**A**を加えて混ぜる。

3 煮立って軽くとろみがついたら強めの中火にし、**1**を戻し入れる。最後に長ねぎを加えてひと煮する。

[MEMO]

えびだけではなく、同じ分量のめかじきやたら、かきに代えて作るのもおすすめ。

a

豆板醤以外の調味料は先に混ぜ合わせておき、仕上げに加えます。

しょうゆ甘辛味

豚肉のチンジャオロースー

肉とピーマン以外にじゃがいもを加えます。食べごたえが出て、ホクホクの食感がおいしさを添えます。具材は大きさをそろえて切ると、見た目も口当たりもよくなります。

材料（2人分）

豚肉（しょうが焼き用） …… **150g**
⇒5㎜幅の細切りにし、しょうゆ、酒各小さじ1をもみ込む

片栗粉 …… **小さじ1**

じゃがいも …… **1個（150g）**
⇒6～7㎜幅の細切り

ピーマン …… **2個（80g）**
⇒縦半分にし、縦5㎜幅に切る

しょうが …… **1かけ**
⇒せん切り

サラダ油 …… **大さじ½＋大さじ1**

【チンジャオロースーのたれ】
⇒混ぜ合わせる

酒 …… **小さじ2**
しょうゆ …… **小さじ2**
砂糖 …… **小さじ1**
こしょう …… **少々**

ごま油 …… **小さじ1**

酒としょうゆは同量、その½量の砂糖を混ぜて。

オイスターソースは加えず、酒、しょうゆ、砂糖、こしょうで作るすっきりとしたたれです。白いごはんに合い、世代を問わずに好かれる味です。

合わせ調味料を加えてからはスピード勝負。炒め合わせて全体に味をまわします。

作り方

1 フライパンにサラダ油大さじ½を熱し、豚肉に片栗粉をまぶして入れ、ほぐすように炒めて取り出す。

2 フライパンをきれいにし、サラダ油大さじ1を熱し、じゃがいもをときどき返しながら弱めの中火で8分ほど炒める。

3 じゃがいもがカリッとなったら、しょうが、ピーマンの順に入れて中火にし、1～2分炒める。**1**を戻し入れ、チンジャオロースーのたれを回し入れて手早く炒め合わせ（a）、ごま油で香りをつける。

［MEMO］　豚肉は牛肉に、じゃがいもはたけのこに代えても。

「さっぱりめの味つけにして、肉、ピーマン、じゃがいも、
3食材それぞれの風味を生かします」

しょうゆ甘辛味

えび、キャベツとしいたけのうま煮

歯ざわりのよいえびとキャベツを
しょうゆ味のまろやかなあんでまとめます。
えびは背開きにすると、味がよくからみます。

「ごく普通の中華うま煮の味つけです。ごはんにのせて、
中華丼のようにしていただいても」

しょうゆの一部を塩に代えて、素材の色を立てます。

キャベツとえびの美しい色がくすまないように、しょうゆの一部を塩に置き換えます。

材料(2人分)

むきえび …… **150g**
⇒あれば背わたを取り、片栗粉小さじ1をもみ込んで洗い、水けをふく。背開きにし、酒大さじ½、塩少々をもみ込む

片栗粉 …… **大さじ1**
キャベツ …… **3～4枚(200g)**
⇒ひと口大に切る

しいたけ …… **1パック(100g)**
⇒2等分のそぎ切り

しょうが …… **½かけ**
⇒薄切り

サラダ油 …… **大さじ1**
水 …… **1カップ**

【中華うま煮のたれ】
⇒混ぜ合わせる
酒 …… **大さじ1**
しょうゆ …… **大さじ1**
砂糖 …… **小さじ1**
塩 …… **小さじ¼**
こしょう …… **少々**

【水溶き片栗粉】⇒混ぜ合わせる
片栗粉 …… **大さじ½**
水 …… **大さじ1**

ごま油 …… **小さじ1**

作り方

1 フライパンにサラダ油を熱し、しょうがを香りが出るまで炒める。キャベツを加えて炒め、しいたけを加えて炒め合わせる。

2 しんなりしてきたら分量の水を加えて煮立て、えびに片栗粉をまぶして、1つずつ離しながら加える。

3 中華うま煮のたれを回し入れ(a)、そっと混ぜる。水溶き片栗粉でとろみをつけ、香りづけにごま油をふる。

a
炒めている最中に5種の調味料を加えるのは大変。先に混ぜ合わせたものを加えましょう。

[MEMO]

キャベツを白菜に代えてもOK。むきえびを同量の豚こま切れ肉に代えることもできます。

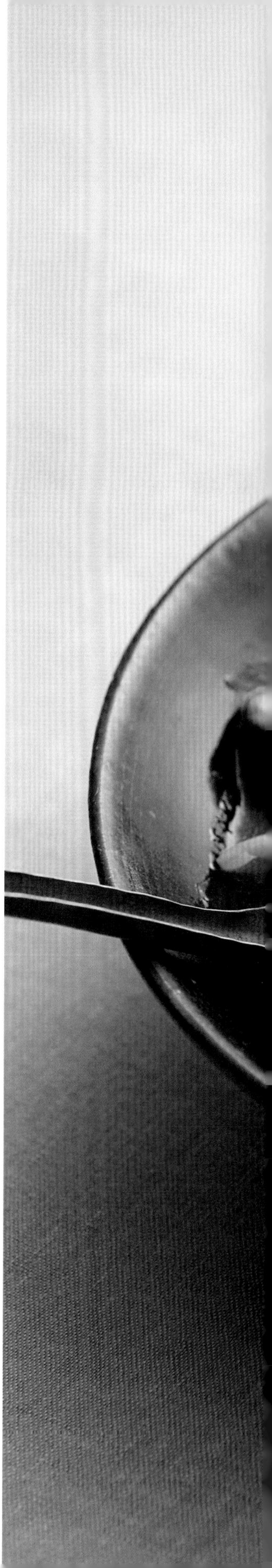

塩味

豚肉と白菜のとろみ塩炒め

豚肉、白菜としめじを炒め、さっぱりとした塩味のあんをからめます。とろみによって、具材のうまみをむだなくいただけます。

材料(2人分)

豚肉(こま切れ)	150g
⇒酒大さじ½、塩少々をもみ込む	
片栗粉	大さじ½
白菜	2枚(200g)
⇒縦半分に切り、軸は4cm大のそぎ切り、葉先は5～6cm大に切る	
しめじ	小1パック(100g)
⇒小房に分ける	
しょうが	½かけ
⇒薄切り	
サラダ油	大さじ½＋大さじ1
水	1カップ

【とろみ塩炒めのたれ】

⇒混ぜ合わせる

酒	大さじ1
塩	小さじ⅔
砂糖	小さじ½
こしょう	少々

【水溶き片栗粉】⇒混ぜ合わせる

片栗粉	大さじ1
水	大さじ2

ごま油	小さじ1

酒と塩で調味し、砂糖を隠し味に加えます。

しょうゆは加えません。砂糖を少し加えることによって、塩味の角を取ります。

作り方

1 フライパンにサラダ油大さじ½を熱し、豚肉に片栗粉をまぶして入れ、ほぐしながら炒めて取り出す。

2 フライパンをきれいにし、サラダ油大さじ1を熱して、しょうがを香りが出るまで炒める。白菜の軸を加えて2～3分炒め、透き通ってきたらしめじ、白菜の葉先を加えて1分ほど炒める。

3 しんなりしてきたら分量の水を加えて煮立て、とろみ塩炒めのたれを回し入れ(**a**)、豚肉を戻し入れてひと煮する。水溶き片栗粉でとろみをつけ(**b**)、香りづけにごま油をふる。

[MEMO]

白菜をキャベツや小松菜に代えても。

水を加えて煮立てたら、合わせ調味料を加えます。

続けて水溶き片栗粉を木べらで混ぜながら全体に回し入れます。

「酒塩味にしょうがの風味を効かせ、さっぱりとまとめた
とろみ炒めです。焼きそばにかけるのもおすすめです」

甜麺醤味

マーボー豆腐

豆腐はかたくならないように、フライパンに加える直前まで湯に入れておき、ざるにあげたらすぐに加えます。

汁がたっぷり、ごはんにかけてもいい。

ホイコーローの味に似ていますが、汁を多めにして、豆腐によくからみ、水っぽくならないように調味料の割合を少しずつ増やします。

材料(2～3人分)

絹ごし豆腐 …… 1丁(300g)
⇒2cm角に切る

豚ひき肉 …… 100g

A
にんにく(みじん切り) …… 小さじ1
(好みで)花椒(ホワジャオ) …… 小さじ¼
⇒手で細かくつぶす

長ねぎ(みじん切り) …… 大さじ3
サラダ油 …… 大さじ1

【マーボーだれ】

豆板醤 …… 小さじ½
甜麺醤(テンメンジャン) …… 大さじ1
水 …… 1カップ

B ⇒混ぜ合わせる

酒 …… 大さじ1
しょうゆ …… 大さじ1
塩 …… 小さじ¼
こしょう …… 少々

【水溶き片栗粉】⇒混ぜ合わせる

片栗粉 …… 大さじ1
水 …… 大さじ2

ごま油 …… 小さじ1
(好みで)花椒(ホワジャオ) …… 少々

作り方

1 鍋に湯4カップを沸かし、塩小さじ½(分量外)を加えて豆腐を入れ、浮いてくるまで3～4分ゆでる。

2 フライパンにサラダ油を弱めの中火で熱し、Aを香りが出るまで炒める。ひき肉を加えて強めの中火にし、透明な油が出るまで炒める。

3 中央をあけ、豆板醤を入れてよく炒め、香りが出たら甜麺醤を炒め合わせて、分量の水を加えてひと煮立ちさせる。

4 1の豆腐をざるにあげてすぐに加え、Bを加えて中火で1～2分煮る。長ねぎを加え、水溶き片栗粉でとろみをつける。仕上げにごま油を回し入れ、器に盛って花椒をふる。

[MEMO]

豆腐をなすに代えてマーボーなすを作るときは、なす4本を縦6～8等分に切って揚げ、マーボーだれを作った中に入れて、水溶き片栗粉でとろみをつけます。

「木綿豆腐でもよいのですが、絹ごし豆腐のほうが
とろみとの口あたりがよいです」

甜麺醤味

チャーシュー

天板にのせた焼き網の上で、
肉の余分な脂を落としながらオーブン焼き。
表面は香ばしく、中はジューシーに焼き上げます。

材料(3～4人分)

豚肩ロース肉(ブロック) ………… **600g**
⇒縦2～3等分に切る

【チャーシュー用マリネ液】
⇒ポリ袋に混ぜ合わせる

酒 ………… **小さじ1**
しょうゆ ………… **小さじ2**
砂糖 ………… **大さじ3**
塩 ………… **小さじ1**
甜麺醤(テンメンジャン) ………… **大さじ1**
(好みで)**五香粉**※(ウーシャンフェン) ………… **少々**
長ねぎ(青い部分) ………… **10㎝**
しょうがの皮 ………… **1かけ分**

(好みで)パクチー ………… **適量**

※中国の代表的なミックススパイス。種類と配合はさまざまですが、花椒(ホワジャオ)、シナモン、クローブ、八角、陳皮(チンピ)など5種類のスパイスを混ぜ合わせます。

砂糖を多めに加えます。

煮豚(P.20)よりも砂糖の量は多め。チャーシューは、意外に甘いほうがおいしいのです。また、香りづけに五香粉を加えると、一気に中国料理の香りになります。

a
ポリ袋に豚肉とマリネ液を入れてひと晩おき、味と香りを肉にしみ込ませます。

作り方

1 チャーシュー用マリネ液を入れたポリ袋に豚肉を入れ、袋の上からもみ込む。空気を抜いて口を閉じ、冷蔵庫にひと晩おく(**a**)。

2 天板に焼き網をのせ、**1**の豚肉を並べる。230℃のオーブンに入れ、途中で上下を返して15分ほど焼く。

3 取り出して、表面に**1**のマリネ液を塗る。オーブンの温度を200℃に下げ、さらに20～25分焼く。豚肉に竹串を刺して、透明な肉汁が出れば焼き上がり。

4 豚肉を5～6㎜厚さに切って器に盛り、パクチーを添える。

[MEMO]

鶏もも肉2枚をチャーシュー用マリネ液にひと晩漬け、オーブンで焼いてもおいしいです。

「豚肉をマリネしておけば、当日は焼くだけですから簡単です。
おもてなしやお正月料理にもどうぞ」

しょうゆ甘酢味

酢豚

ケチャップ味の酢豚もありますが、こちらはしょうゆ甘酢味です。豚肉はふんわりとした卵衣をからめて揚げます。

材料（2人分）

豚肉（カレー用角切り） …… **200g**

A ⇒ポリ袋に混ぜ合わせる
- **酒、しょうゆ** …… **各大さじ½**
- **おろししょうが** …… **小さじ1**

玉ねぎ …… **¼個（50g）**
⇒3㎝幅のくし形に切り、長さを半分に切ってほぐす

赤パプリカ …… **½個（75g）**
⇒乱切り

ピーマン …… **1個（40g）**
⇒乱切り

【衣】
- **溶き卵** …… **½個分**
- **片栗粉** …… **大さじ3**

揚げ油 …… **適量**
サラダ油 …… **大さじ1**

【甘酢あん】
⇒混ぜ合わせる
- **しょうゆ** …… **大さじ1½**
- **砂糖** …… **大さじ1½**
- **酢** …… **大さじ1½**
- **片栗粉** …… **大さじ½**
- **水** …… **⅓カップ**

作り方

1. Aを入れたポリ袋に豚肉を入れ、もみ込んで10分ほどおく。
2. 1に衣の溶き卵をからめて、片栗粉をまぶす。
3. フライパンに熱した170℃の揚げ油に2を入れ、表面がカラッとして火が通るまで3分ほど揚げる。
4. フライパンをきれいにし、サラダ油を熱して、玉ねぎ、赤パプリカ、ピーマンを炒める。玉ねぎが透き通ってパプリカとピーマンが色鮮やかになったら、甘酢あんをもう一度よく混ぜて回し入れ（a）、とろみがついたら、3を加えて手早く炒め合わせる（b）。

とろみがついたら、揚げた豚肉を投入。さっと合わせてでき上がりです。

甘酢あんには片栗粉が入っているので、再びよく混ぜ合わせて加えます。

基本は、しょうゆ、砂糖、酢が同量です。

しょうゆ甘酢だれに片栗粉と水を加えます。こうしておくと、短時間で仕上げることができ、野菜がクタッとなりません。

[MEMO]

豚肉を、めかじき、さば、ぶり、ほたて貝柱、えびなどの魚介に代えて作るのもおすすめ。

「お好みで酢を黒酢に代えると、さらにコクのある酢豚になります」

しょうゆ甘酢味

ユーリンチー

鶏肉をサクサク、カラッと揚げるコツは、揚げる直前に片栗粉をたっぷりまぶすこと。アツアツの鶏肉に、香りのよい香味ソースをかけます。

「鶏肉を途中で返して、揚げ油をかけながら揚げるので、揚げ油はフライパンの深さ1cmほどで充分です」

材料(2人分)

鶏もも肉 …… **大1枚(300g)**
⇒余分な脂肪を取り除き、
塩ひとつまみ、こしょう少々をふって
10分ほどおく

片栗粉 …… **大さじ3～4**
揚げ油 …… **適量**

【香味ソース】(a)

⇒混ぜ合わせる

長ねぎ(みじん切り) …… **大さじ1**
しょうが(みじん切り) …… **小さじ1**
にんにく(みじん切り) …… **小さじ1**
しょうゆ …… **大さじ1½**
砂糖 …… **大さじ1½**
酢 …… **大さじ1½**
ごま油 …… **大さじ½**
水 …… **大さじ1½**

レタス …… **2～3枚**
⇒ざく切り

作り方

1 鶏肉は片栗粉をまぶす。

2 フライパンに揚げ油を入れて170℃に熱し、**1**を皮目から入れ、7分ほど揚げる。返して、皮目に油をかけながら3分ほど揚げ、中まで火を通す。縦半分に切り、横4等分に切り分ける。

3 器にレタスを盛り、**2**をのせて、香味ソースをかける。

香味ソースは、長ねぎ、しょうが、にんにくのみじん切りを加えたしょうゆ甘酢味です。

酢豚の甘酢あんのアレンジです。

酢豚と同様、しょうゆ、砂糖、酢は同量です。この基本の割合に同量の水を加えて割り、ごま油⅓量を加えてコクと香りをつけます。

[MEMO]

鶏むね肉で作るとさっぱり。この香味ソースは、さわらやたらなど、魚を揚げたものにも向きます。

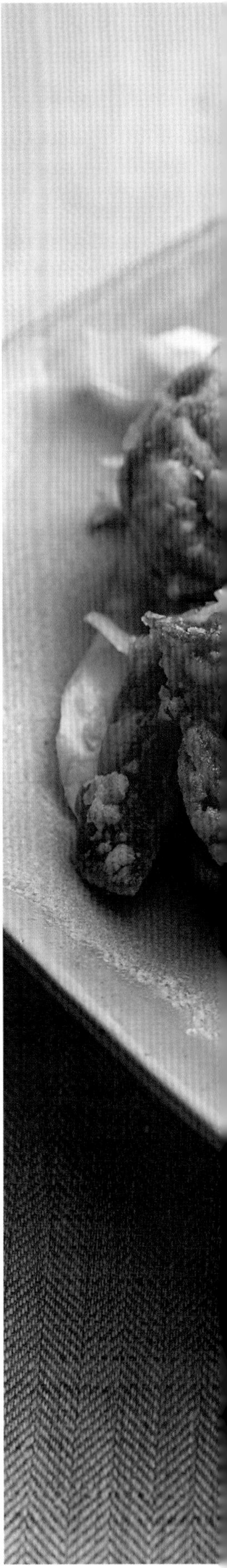

ごま味

バンバンジー

レンジ蒸しの鶏むね肉を濃厚ごまだれで楽しみます。
レンジにかけたら、ラップをしたまま
しばらくおくと、肉がしっとりします。

材料(2人分)

鶏むね肉	**小1枚(200g)**

A	**酒**	**大さじ1**
	塩	**少々**
	長ねぎ(青い部分)	**5cm**
	しょうがの皮	**少々**

きゅうり	**1本(100g)**

⇒7～8cm長さ、斜め5mm幅の薄切りにしてから細切り

【バンバンジーだれ】

⇒順に加えながら混ぜ合わせる(a)

白練りごま	**大さじ1**
しょうゆ	**大さじ1**
酢	**小さじ1**
砂糖	**小さじ2**
長ねぎ(みじん切り)	**小さじ2**
しょうが(みじん切り)	**小さじ1**

白練りごま3：しょうゆ3：砂糖2：酢1で、本格的なソースに。

酢は控えめにし、練りごまの風味を強調します。ねぎとしょうがを加えると味が締まって、香りがグッとアップします。

a

練りごまはしょうゆと酢を少しずつ加えて泡立て器でのばし、砂糖と薬味を加えます。

作り方

1 鶏肉は耐熱容器に入れ、Aをからめて、ラップをふんわりかけて電子レンジ(600W)で3分～3分30秒ほど加熱する。そのまま粗熱が取れるまでおく。

2 鶏肉を食べやすく裂き、器にきゅうりをのせてその上に盛る。鶏肉にバンバンジーだれをかける。

[MEMO] 添える野菜はきゅうりのほか、レタス、トマトでも。

「蒸し鶏は包丁で切るよりも、手で裂いたほうが
たれとのからみ具合がよくなります」

マヨネーズ味

えびマヨ

サクッ、ふわっ、と衣揚げにしたえびに、甘めのマヨネーズソースをかけます。大きめのえびで作り、ほおばってください。

材料(2人分)

えび(殻つき無頭) …… 8尾(200g)
⇒殻と尾を取り、背開きにして背わたを取る。酒小さじ1、塩少々をからめる

小麦粉 …… 少々

【衣】⇒ボウルに混ぜ合わせる
- 小麦粉 …… 50g
- ベーキングパウダー …… 1g
- 水 …… 60mℓ
- サラダ油 …… 小さじ1

揚げ油 …… 適量

【中華マヨネーズソース】
⇒混ぜ合わせる
- マヨネーズ …… 大さじ3
- 砂糖 …… 小さじ2
- 牛乳 …… 大さじ1
- 塩、こしょう …… 各少々

レタス …… 2～3枚(100g)
⇒1.5㎝幅の細切り

マヨネーズを牛乳でのばします。

砂糖で甘みをつけ、牛乳を加えてのばして、とろりとした状態にします。

作り方

1 フライパンに揚げ油を2㎝深さまで入れ、170℃に熱する。えびの汁けをふいて小麦粉を薄くまぶし、衣をつけて、表面がカリッとするまで3分ほど揚げる。

2 器にレタスを敷いて1を盛り、中華マヨネーズソースをかける。

[MEMO] 手軽に作るなら、むきえびで。

4章

韓国・エスニックの味つけレシピ

プルコギ、チヂミ、ナムル、
タンドリーチキンなど、
おなじみの料理の味つけを紹介します。
特別な調味料は使わず、
にんにくやはちみつで香味やコクをプラス。
毎日の献立に、時として
韓国やエスニック料理が加わると、
食生活に変化が生まれます。

甘辛しょうゆ味

プルコギ

香ばしい風味のたれを牛肉に吸い込ませるように、手でよくもみ込むことがポイントです。野菜はにらの大きさに合わせて切り、口あたりをそろえます。

材料(2人分)

牛肉(切り落とし) …… **200g**

【プルコギのたれ】

⇒ボウルに混ぜ合わせる

- **酒** …… **大さじ1½**
- **しょうゆ** …… **大さじ1½**
- **砂糖** …… **大さじ1½**
- **ごま油** …… **大さじ1½**
- **おろしにんにく** …… **小さじ¼**
- **白すりごま** …… **大さじ1**

玉ねぎ …… **¼個(50g)**
⇒薄切り

にんじん …… **⅓本(50g)**
⇒細切り

にら …… **1束(100g)**
⇒4㎝長さに切る

塩、こしょう …… **各少々**

酒、しょうゆ、砂糖、ごま油を同量ずつ混ぜます。

プルコギは甘辛しょうゆベースに、ごまとにんにくの風味が特徴です。砂糖とごま油入りのたれをもみ込むことで、牛肉がやわらかくなる効果もあります。

作り方

1 プルコギのたれを入れたボウルに牛肉を加え、手でよくもみ込む。玉ねぎ、にんじんを加え、再びもみ込む。

2 フライパンに**1**を広げて入れ、強めの中火にかける。焼きつけるように火を通し、にらを加えて炒め、塩、こしょうで味を調える。

[MEMO]

乾燥春雨を加える場合は、30gほどを用意し、熱湯でもどして、食べやすく切ります。酒、しょうゆ、砂糖、ごま油は少し多めの各大さじ2にし、にらを加える前に春雨を加えて炒めます。

「これだけで栄養のバランスが取れます。作るのも簡単。
急ぎのときに助かるメニューです」

「大きく１枚に焼いてから切るのは、
難しいかもしれません。
慣れなかったら、ひと口大に焼きましょう」

塩味

豚肉とにらのチヂミ

豚バラ肉のうまみが、
こんがり、サクッ、としたチヂミに香ばしい風味をつけます。
酢としょうゆだけのたれでさっぱりと。

材料(2人分)

豚バラ肉(薄切り) …… 100g
⇒長さを2～3等分に切る

にら …… 1束(100g)
⇒3㎝長さに切る

【チヂミ生地】
⇒ボウルに混ぜ合わせる

溶き卵 …… 1個分
水 …… 大さじ4
小麦粉 …… 大さじ5
塩 …… 小さじ¼
こしょう …… 少々

ごま油 …… 小さじ1＋大さじ½

【酢じょうゆだれ】⇒混ぜ合わせる

しょうゆ …… 大さじ1
酢 …… 小さじ2

粉の量はかろうじて具がまとまるくらい少なめ。

具をたっぷりいただけるように、衣は薄めです。小麦粉の量はかろうじて具がまとまるくらい。パリッと香ばしく焼き上がる生地です。

作り方

1 チヂミ生地を入れたボウルに、にらを加えて混ぜる。

2 フライパンにごま油小さじ1をひき、豚肉を一面に並べて、火にかける。薄く色づいたら、1を全面に流し入れて4分ほど焼く。焼き色がついたら返し、鍋肌からごま油大さじ½を足し、表面がカリッとするまで3～4分焼く。

3 四角に切り分け、器に盛って、酢じょうゆだれを添える。

[MEMO]

にらの代わりにねぎ、ピーマンやパプリカ、春菊、きのこ、塩もみ大根を使うなど、具のバリエーションを自由に楽しめます。

もやしのナムル

もやしは面倒でもひげ根を取ると、水っぽさや臭みがなくなり、洗練されます。

材料（2人分）

もやし……1袋（200g）
⇒ひげ根を取る

【ナムルの素】
⇒ボウルに混ぜ合わせる

- 長ねぎ（みじん切り）……大さじ1
- おろしにんにく……少々
- 白すりごま……大さじ½
- ごま油……大さじ½
- 塩……小さじ⅓

作り方

1 耐熱容器にもやしを入れ、ラップをふんわりとかけて、電子レンジ（600W）で3分加熱する。ざるにとり、水けをきる。

2 ナムルの素を入れたボウルに1を加えてあえる。

長ねぎ、にんにく、ごまの風味に、塩で調味。

長ねぎは白すりごまやごま油の倍量を加え、にんにくで香りを、塩で味をつけます。この割合で、ほとんどの野菜のナムルが作れます。

ボウルにナムルの素の材料をすべて入れて混ぜ合わせ、好みの野菜を加えてあえます。

ほうれん草のナムル

ほうれん草をゆでたら、水にさらさずにあえます。

材料(2人分)

ほうれん草 ……… **1束(200g)**
⇒4〜5㎝長さに切り、茎と葉先に分ける

【ナムルの素】
⇒ボウルに混ぜ合わせる

- **長ねぎ**(みじん切り) ……… **大さじ1**
- **おろしにんにく** ……… **少々**
- **白すりごま** ……… **大さじ½**
- **ごま油** ……… **大さじ½**
- **塩** ……… **小さじ⅓**

作り方

1 鍋に湯を沸かし、塩少々(分量外)を加えて、ほうれん草の茎、葉先の順に入れる。再び沸騰したらざるにあげ、水けを絞る。

2 ナムルの素を入れたボウルに**1**を加えてあえる。

パプリカのナムル

パプリカの甘みがナムルの風味と絶妙にマッチ。パプリカの色は好みで選んでください。

材料(2人分)

黄パプリカ ……… **1個(200g)**
⇒縦横半分に切り、2〜3㎜幅の縦薄切り

【ナムルの素】
⇒ボウルに混ぜ合わせる

- **長ねぎ**(みじん切り) ……… **大さじ1**
- **おろしにんにく** ……… **少々**
- **白すりごま** ……… **大さじ½**
- **ごま油** ……… **大さじ½**
- **塩** ……… **小さじ⅓**

作り方

1 耐熱容器に黄パプリカを入れ、ラップをふんわりとかけて、電子レンジ(600W)で2分ほど加熱する。ざるにとり、水けをきる。

2 ナムルの素を入れたボウルに**1**を加えてあえる。

香味
甘じょうゆ味

韓国焼き肉

焼き肉のたれは自家製で作れます。
おいしさの秘訣は、すりおろした玉ねぎとりんご。
香ばしくてまろやか、しかし後味はすっきりです。

玉ねぎで香ばしく、りんごでさわやかに。

おろし玉ねぎ、おろしりんごなどの水分を肉にもみ込むことで、ジューシーになり、肉もやわらかく。砂糖の代わりにはちみつを加え、コクをつけます。

材料(2人分)

牛肉(カルビ)……200g
ごま油……大さじ½

【焼き肉のたれ】
⇒混ぜ合わせる(a)

しょうゆ……大さじ1½
酒……大さじ½
ごま油……大さじ½
はちみつ……大さじ1
おろしにんにく……小さじ¼
おろし玉ねぎ……大さじ1
おろしりんご……大さじ1
白いりごま……大さじ½

(好みで)サンチュ……1パック

a
にんにく、玉ねぎ、りんごはすべてすりおろし、調味料、白いりごまとよく混ぜ合わせます。

作り方

1 ボウルに焼き肉のたれと牛肉を入れ、肉にたれをさっとからめる。

2 フライパンにごま油を熱し、牛肉の両面を色よく焼く。サンチュを添えて、器に盛る。

[MEMO]

牛肉200gの代わりに鶏もも肉1枚をそぎ切りにして焼くのもおすすめ。

カレー味

タンドリーチキン

ソースに漬けるだけで、
いつもの鶏肉がグッとグレードアップ。
さわやかさが自慢のたれです。

材料(2人分)

鶏もも肉 ……………… **大1枚(300g)**
⇒余分な脂肪を取り除く

【タンドリーチキンソース】
⇒ポリ袋に混ぜ合わせる
ヨーグルト(無糖) ……… **大さじ2**
おろしにんにく ……… **1かけ分**
カレー粉 ……………… **小さじ1**
塩 ……………………… **小さじ½**

(好みで)サラダ菜 ……………… **適量**

ヨーグルトで まろやか、肉もやわらかく。

スパイシーな香りですが、ヨーグルトのおかげでやさしい味わい。肉もしっとりと、やわらかく焼き上がります。

作り方

1 タンドリーチキンソースを入れたポリ袋に鶏肉を入れ、袋の上からもみ込む(**a**)。袋の空気を抜いて口を閉じ、途中で上下を返しながら1時間ほどおく。

2 **1**の鶏肉からソースをふき取り、魚焼きグリルに入れる。両面焼きの場合は皮目を上にして弱火で10〜12分、片面焼きの場合は身側を上にし、途中で返して、弱火で13〜15分焼く(どちらの場合も、焦げそうになったらその部分にアルミ箔をかぶせる)。

3 ひと口大に切り、サラダ菜を添えて器に盛る。

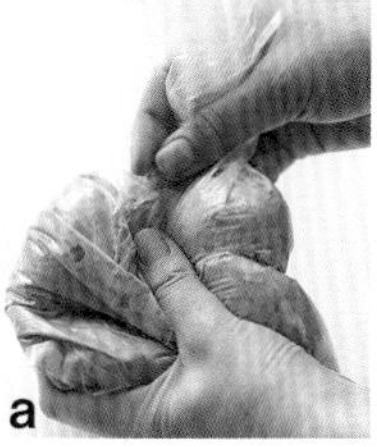
a

ポリ袋を使えば、ソース作りと鶏肉の調味が同時に行えて便利です。

[MEMO]

好みで鶏むね肉で作っても。

ナンプラー味

ガパオライス

ナンプラーベースの甘辛ソースで炒め、バジルを山盛り加えます。この香りと青唐辛子の爽快な辛みにあおられ、スプーンを口に運ぶ速度も早まります。

材料(2人分)

鶏ひき肉 …… **200g**
にんにく(みじん切り) …… **小さじ1**
青唐辛子(小口切り) …… **1本**
白こしょう …… **小さじ¼**
玉ねぎ …… **½個(100g)**
⇒縦5㎜幅の薄切り
赤ピーマン …… **2個(80g)**
⇒縦5㎜幅の細切り
バジル …… **2パック(50g)**
⇒飾り用に少々を取り、残りの葉はざく切り
サラダ油 …… **大さじ1**

【ガパオソース】
⇒混ぜ合わせる
酒 …… **大さじ1**
ナンプラー …… **大さじ1**
しょうゆ …… **大さじ⅔**
砂糖 …… **大さじ⅔**

卵 …… **2個**
⇒小さめのフライパンに
サラダ油小さじ½を熱し、卵1個を
割り入れて目玉焼きを作る。
同様にもうひとつ作る
温かいごはん …… **300g**

ナンプラーにしょうゆと砂糖を加えてマイルドに。

ナンプラーはうまみも塩味も強いのでしょうゆで割り、砂糖を多めに加えるほうが味のバランスが取れます。

作り方

1 フライパンにサラダ油を弱火で熱し、にんにく、青唐辛子、白こしょうを入れて炒める。香りが出たら中火にして、鶏ひき肉を色が変わるまで炒め、玉ねぎ、赤ピーマンを加えてしんなりするまで炒める。

2 ガパオソースを回し入れて炒め(a)、バジルの葉を加えてさっと炒める。

3 器にごはんと**2**を盛り、目玉焼きと飾り用のバジルをのせる。

バジル以外の材料を炒めて調味。バジルは香りを生かすために後から加えます。

[MEMO]

青唐辛子がない場合は、種を取った赤唐辛子1本で代用を。

「バジルをたっぷり加えてください。
スッとするようなさわやかさが心地よく感じられます」

甘酸っぱいナンプラー味

春雨サラダ

ツルッ、シコッとした春雨に香味野菜をたっぷり加え、エスニックドレッシングでいただきます。多彩で強い香り、味、食感が奏でるハーモニーを味わってください。

材料(2人分)

春雨 ………… **30g**
⇒熱湯でもどし、流水で洗って、
食べやすく切る

鶏むね肉 ………… **小1枚(150g)**
⇒耐熱皿に身側を上にして置き、塩少々を
ふって5分おく

酒 ………… **大さじ1**

A | **長ねぎ(青い部分)** ………… **5cm**
| **しょうが(皮)** ………… **少々**

紫玉ねぎ ………… **¼個(50g)**
⇒縦薄切り

赤ピーマン ………… **1個(40g)**
⇒縦薄切り

セロリ ………… **⅓本(50g)**
⇒4cm長さの薄切り

パクチー ………… **1株(15g)**
⇒3cm長さに切る

【エスニックドレッシング】
⇒混ぜ合わせる(a)

ナンプラー ………… **小さじ2**
はちみつ ………… **小さじ2**
レモン汁 ………… **小さじ2**
サラダ油 ………… **小さじ2**
塩 ………… **少々**
おろしにんにく ………… **少々**
赤唐辛子 ………… **1本**
⇒みじん切り

ナンプラー、はちみつ、レモン汁、油を同量ずつ混ぜます。

甘酸っぱ辛い味に、にんにくの香味と赤唐辛子の辛みを効かせるのが特徴です。酸味はレモンでキリッとさわやかに。はちみつが甘みだけでなくコクをつけます。

作り方

1 鶏肉の水けをふき取り、耐熱皿に皮を上にして入れ、酒をふり、Aを散らす。ラップをふんわりとかけ、電子レンジ(600W)で2分～2分30秒ほど加熱する。そのまま粗熱が取れるまでおき、皮を取り除いて細く裂く。

2 ボウルに春雨、1、すべての野菜を入れ、エスニックドレッシングをかけてあえる。

a
エスニックドレッシングは材料をすべて合わせ、よく混ぜ合わせます。

[MEMO]

エスニックドレッシングは生春巻きのたれとしても使えます。

「ナンプラーの強い味には、
酢よりもレモンのほうが合うように思います」

＼一目でわかる！／

定番おかずの「黄金比」早見表

本書で取り上げた料理の味つけを一覧にしました。
作り方は知っているけれど、味つけの確認をしたいとき、
材料を変えて作りたいときに、このページを開いてください。

※【 】内は混ぜ合わせる。
※ 分量は例外を除き、基本的に2人分。

和食の味つけ

肉じゃが ➡p.10
【酒・みりん・しょうゆ各大さじ2 砂糖大さじ1 水1カップ】

肉豆腐 ➡p.12
【酒・みりん・しょうゆ各大さじ2 砂糖大さじ1 水½カップ】

がんもどきの煮もの ➡p.13
【酒・みりん・しょうゆ各大さじ1½ 砂糖大さじ⅔ 水1カップ】

きんめだいの煮つけ ➡p.14
【酒・みりん・しょうゆ各大さじ3 砂糖大さじ1½ 水⅔カップ】

筑前煮 ➡p.16
【酒・みりん・しょうゆ各大さじ2 砂糖大さじ⅔ 水1カップ】

親子煮（卵3個） ➡p.18
【酒・みりん・しょうゆ各大さじ1½ 砂糖大さじ½ 水⅓カップ】

煮豚（豚肉400g） ➡p.20
【酒½カップ みりん・しょうゆ各大さじ2 砂糖大さじ½ 水2カップ】

煮びたし ➡p.22
【酒・みりん・しょうゆ各大さじ1 水½カップ】

豚肉のしょうが焼き ➡P24
【酒・しょうゆ各大さじ1½ 砂糖・おろししょうが各小さじ1】

鶏肉の鍋照り焼き ➡p.26
【酒・みりん・しょうゆ各大さじ1½ 砂糖大さじ½】

ぶりの照り焼き ➡p.28
【酒・みりん・しょうゆ各大さじ1½ 砂糖大さじ½】

ズッキーニの豚肉巻き焼き ➡p.29
【酒・みりん・しょうゆ各大さじ1 砂糖大さじ⅓】

厚焼き卵（卵4個） ➡p.30
【酒大さじ1 しょうゆ小さじ1 砂糖大さじ1½ 塩ひとつまみ(1g)】

鶏そぼろ（※2～3人分 鶏ひき肉200g） ➡p.31
【酒・しょうゆ・砂糖各大さじ2】

きんぴら（野菜200g） ➡p.32
【酒・みりん・しょうゆ各大さじ1 砂糖小さじ1】

鶏のから揚げ（鶏肉400g） ➡p.34
【酒・しょうゆ各大さじ1½ おろししょうが大さじ½】

豚肉の竜田揚げ（豚肉200g） ➡p.35
【酒大さじ½ しょうゆ大さじ1 おろしにんにく小さじ½】

鶏むね肉の竜田焼き 野菜あんかけ ➡p.36
【酒･みりん各大さじ1 しょうゆ小さじ1 塩小さじ½ 水⅔カップ】

おでん（※4人分） ➡p.38
【酒½カップ みりん・しょうゆ各大さじ2 塩小さじ1】

さばのみそ煮 ➡p.40
【酒・みりん・みそ各大さじ2 しょうゆ大さじ½ 砂糖大さじ1 水½カップ】

豚肉、なすとピーマンのみそ炒め ➡p.42
【酒・みりん・みそ各大さじ2 しょうゆ・砂糖各大さじ½】

さけの南蛮漬け ➡p.44
【酒・みりん・しょうゆ・酢各大さじ2 砂糖大さじ⅔ 水½カップ 赤唐辛子（種を取る）1本】

きゅうりとわかめの酢のもの ➡p.46
【しょうゆ・砂糖各小さじ1 酢大さじ1】

大根のごま酢あえ ➡p.46
【しょうゆ・砂糖各小さじ1 酢・白すりごま各大さじ1】

ほうれん草のごまあえ ➡p.47
【しょうゆ大さじ½ 砂糖小さじ1 白すりごま大さじ1】

キャベツのからしあえ ➡p.47
【しょうゆ大さじ½ 砂糖小さじ⅓ 塩少々 練りからし小さじ½】

アスパラガスの白あえ ➡p.48
○白あえ衣 木綿豆腐½丁（150g） 白練りごま小さじ2 【砂糖小さじ2 塩小さじ⅓ しょうゆ少々】

かぶの甘酢漬け ➡p.49
【酢大さじ1½ 塩小さじ½ 砂糖大さじ1】

ちらしずし（※4人分 ごはん2合分） ➡p.50
【酢大さじ3 砂糖大さじ2 塩小さじ1⅓】

鶏肉と根菜の炊き込みごはん（※4人分 ごはん2合分） ➡p.52
【酒大さじ2 しょうゆ大さじ½ 塩小さじ⅔】

かき玉うどん ➡p.53
【だし汁2カップ みりん・しょうゆ各大さじ3】

シンプル茶碗蒸し（卵2個） ➡p.54
【酒小さじ1 しょうゆ小さじ½ 塩小さじ¼ 水1カップ】

洋食の味つけ

チキンマカロニグラタン ➡p.56

○ **ホワイトソース**　バター・小麦粉各大さじ3　牛乳3カップ　塩小さじ½　こしょう少々

ポーククリームシチュー ➡p.58

○ **ホワイトソース**　バター・小麦粉各大さじ3　牛乳1½カップ　塩小さじ⅔　こしょう少々

煮込みハンバーグ ➡p.60

○ **ハンバーグソース**　玉ねぎ（縦薄切り）½個（100g）　トマト（1cm角に切る）1個　【トマトケチャップ大さじ2　ウスターソース大さじ½　塩小さじ¼　こしょう少々】

ポークチャップ ➡p.62

○ **ハンバーグソース**　玉ねぎ（縦薄切り）½個（100g）　トマト（1cm角に切る）1個　【トマトケチャップ大さじ2　ウスターソース大さじ½　塩小さじ¼　こしょう少々】

チキンカレー ➡p.64

○ **カレー**　おろしにんにく・おろししょうが各1かけ　カレー粉大さじ1　小麦粉大さじ4　水2½カップ　トマト（1cm角に切る）1個　【トマトケチャップ・しょうゆ・はちみつ各大さじ1　塩小さじ1⅓　こしょう少々　（好みで）ガラムマサラ小さじ1】

ポテトサラダ ➡p.66

○ **マヨネーズソース**　【マヨネーズ大さじ4　レモン汁小さじ1　塩・こしょう各少々】

チキンフライ　タルタルソースかけ ➡p.67

○ **タルタルソース**　【マヨネーズ大さじ4　レモン汁・塩・こしょう各少々　玉ねぎ（みじん切り）大さじ2　パセリ（みじん切り）小さじ1　ゆで卵（みじん切り）1個分　ピクルス（みじん切り）大さじ1】

スパゲッティ・ペペロンチーノ ➡p.68

○ **ペペロンチーノソース**　オリーブ油大さじ1　にんにく（みじん切り）小1かけ　赤唐辛子（種を除く）小1本　アンチョビ10g

スパゲッティ・ナポリタン ➡p.69

○ **ナポリタンソース**　玉ねぎ（縦5mm幅の薄切り）½個（100g）　ピーマン（横5mm幅の細切り）1個（40g）　ハム（半分に切り、5mm幅に切る）3枚（40g）　オリーブ油大さじ1　【トマトケチャップ大さじ5　トマト（1cm角に切る）1個（150g）　塩・こしょう各少々】

スパゲッティ・トマトソース ➡p.70

○ **トマトソース**　オリーブ油大さじ2　にんにく（つぶす）1かけ　赤唐辛子（種を除く）1本　トマト缶（カットタイプ）1缶（400g）　【塩小さじ⅔　こしょう少々　砂糖大さじ½】

鶏肉のトマト煮 ➡p.71

○ **トマトソース**　トマト缶（カットタイプ）1缶（400g）　水½カップ　【塩小さじ⅔　こしょう少々　砂糖大さじ½】

スパゲッティ・ミートソース ➡p.72

○ **ミートソース**　合いびき肉150g　香味野菜（すべてみじん切り）｛玉ねぎ¼個（50g）　にんじん⅓本（50g）　セロリ⅕本（30g）　にんにく½かけ｝　オリーブ油大さじ1　小麦粉…大さじ½　トマト缶（カットタイプ）1缶（400g）　ローリエ½枚　【塩小さじ1　こしょう少々　砂糖大さじ½】

オムライス ➡p.74

○ **ケチャップソース**　【トマトケチャップ大さじ3　塩小さじ½　こしょう少々】

ハッシュドビーフライス ➡p.76

○ **ハッシュドビーフソース**　【トマト（1cm角に切る）½個（100g）　トマトケチャップ・しょうゆ各大さじ1】　塩・こしょう各少々　バター大さじ1

スパゲッティ・カルボナーラ ➡p.78

○ **カルボナーラソース**　【溶き卵2個分　パルメザンチーズ30g　生クリーム大さじ4】

ポークピカタ ➡p.79

○ **ピカタ生地**　【溶き卵2個分　パルメザンチーズ大さじ4　パセリ（みじん切り）大さじ2】

ブロッコリーときのこのキッシュグラタン ➡p.80

キッシュ生地　【溶き卵2個分　牛乳½カップ　生クリーム¼カップ　塩小さじ⅓　こしょう少々】

野菜のポタージュ ➡p.82

野菜200～250g　水1～1½カップ　【牛乳¾カップ　塩小さじ⅔　こしょう少々】

中華の味つけ

ホイコーロー ➡p.88

○ **ホイコーローだれ**　豆板醤小さじ½　甜麺醤（テンメンジャン）大さじ1　【酒・しょうゆ各大さじ½　塩小さじ⅓　こしょう少々】

牛肉とパプリカのオイスターソース炒め ➡p.90

○ **オイスターソースだれ**　【オイスターソース・水各大さじ1　酒大さじ½　しょうゆ小さじ1　砂糖・片栗粉・ごま油各小さじ½　こしょう少々】

えびのチリソース炒め ➡p.92

○ **中華チリソース**　豆板醤小さじ½　【トマトケチャップ大さじ3　酒大さじ1　しょうゆ大さじ½　砂糖・片栗粉各小さじ1　こしょう少々　水½カップ】

豚肉のチンジャオロースー ➡p.94

○ **チンジャオロースーのたれ**　【酒・しょうゆ各小さじ2　砂糖小さじ1　こしょう少々】

えび、キャベツとしいたけのうま煮 ➡p.96

○ **中華うま煮のたれ**　【酒・しょうゆ各大さじ1　砂糖小さじ1　塩小さじ¼　こしょう少々】

ガパオライス
➡p.120

○ ガパオソース　【酒・ナンプラー各大さじ1　しょうゆ・砂糖各大さじ⅔】

春雨サラダ
➡p.122

○ エスニックドレッシング　【ナンプラー・はちみつ・レモン汁・サラダ油各小さじ2　塩・おろしにんにく各少々　赤唐辛子（みじん切り）1本】

ドレッシングとたれ、ソース

フレンチドレッシング
➡p.84

【酢大さじ½　塩小さじ¼　こしょう少々】 オリーブ油（またはサラダ油）大さじ1

シーザーズドレッシング
➡p.84

【アンチョビ（みじん切り）1枚　おろしにんにく少々　粒マスタード・レモン汁各大さじ½　塩小さじ¼　こしょう少々】 オリーブ油大さじ1½

和風ごまドレッシング
➡p.84

【白練りごま・酢・しょうゆ・白すりごま各大さじ½　砂糖小さじ1　塩少々】 ごま油小さじ1

玉ねぎドレッシング
➡p.85

【おろし玉ねぎ大さじ1（15g）　酢大さじ½　塩小さじ¼　こしょう少々】 サラダ油大さじ1

中華ドレッシング
➡p.85

【しょうゆ・オイスターソース・酢各大さじ½】 ごま油大さじ½

韓国風ドレッシング
➡p.85

【おろしにんにく少々　白すりごま・しょうゆ・酢各大さじ½　コチュジャン・砂糖各小さじ1】 ごま油小さじ1

ポン酢しょうゆ
➡p.86

【しょうゆ・かんきつ類の絞り汁各大さじ1　砂糖小さじ½】

しゃぶしゃぶ用ごまだれ
➡p.86

【白練りごま・しょうゆ各大さじ1　砂糖・酢各小さじ1】

梅肉だれ
➡p.86

【梅肉（塩分15%）15g　酒・砂糖・しょうゆ各小さじ1　水大さじ1】

からし酢みそ
➡p.86

【みそ（信州みそ）・砂糖各大さじ1　練りからし小さじ½　酢大さじ½】

オーロラソース
➡p.86

【マヨネーズ大さじ2　トマトケチャップ大さじ1　レモン汁（または酢）小さじ⅔　こしょう少々】

豚肉と白菜のとろみ塩炒め
➡p.98

○ とろみ塩炒めのたれ　【酒大さじ1　塩小さじ⅔　砂糖小さじ½　こしょう少々】

マーボー豆腐（※2～3人分　豆腐1丁）
➡p.100

○ マーボーたれ　豆板醤小さじ½　甜麺醤（テンメンジャン）大さじ1　水1カップ　【酒・しょうゆ各大さじ1　塩小さじ¼　こしょう少々】

チャーシュー（※3～4人分　豚肉600g）
➡p.102

○ チャーシュー用マリネ液　【酒・塩各小さじ1　しょうゆ小さじ2　砂糖大さじ3　甜麺醤（テンメンジャン）大さじ1　（好みで）五香粉（ウーシャンフェン）少々　長ねぎ（青い部分）10cm　しょうがの皮1かけ分】

酢豚
➡p.104

○ 甘酢あん　【しょうゆ・砂糖・酢各大さじ1½　片栗粉大さじ½　水⅓カップ】

ユーリンチー
➡p.106

○ 香味ソース　【長ねぎ（みじん切り）大さじ1　しょうが（みじん切り）・にんにく（みじん切り）各小さじ1　しょうゆ・砂糖・酢・水各大さじ1½　ごま油大さじ½】

バンバンジー
➡p.108

○ バンバンジーだれ　【白練りごま・しょうゆ各大さじ1　酢小さじ1　砂糖小さじ2　長ねぎ（みじん切り）小さじ2　しょうが（みじん切り）小さじ1】

えびマヨ
➡p.110

○ 中華マヨネーズソース　【マヨネーズ大さじ3　砂糖小さじ2　牛乳大さじ1　塩・こしょう各少々】

韓国・エスニックの味つけ

プルコギ
➡p.112

○ プルコギのたれ　【酒・しょうゆ・砂糖・ごま油各大さじ1½　おろしにんにく小さじ¼　白すりごま大さじ1】

豚肉とにらのチヂミ
➡p.114

○ チヂミ生地　【溶き卵1個分　水大さじ4　小麦粉大さじ5　塩小さじ¼　こしょう少々】

ナムル（野菜200g）
➡p.116

○ ナムルの素　【長ねぎ（みじん切り）大さじ1　おろしにんにく少々　白すりごま・ごま油各大さじ½　塩小さじ⅓】

韓国焼き肉
➡p.118

○ 焼き肉のたれ　【しょうゆ大さじ1½　酒・ごま油・白いりごま各大さじ½　はちみつ・おろし玉ねぎ・おろしりんご各大さじ1　おろしにんにく小さじ¼】

タンドリーチキン
➡p.119

○ タンドリーチキンソース　【ヨーグルト大さじ2　おろしにんにく1かけ分　カレー粉小さじ1　塩小さじ½】

材料別さくいん

【肉】

○**牛肉**
肉豆腐……12
ハッシュドビーフライス……76
牛肉とパプリカの
　オイスターソース炒め……90
プルコギ……112
韓国焼き肉……118

○**鶏肉**
筑前煮……16
親子煮……18
鶏肉の鍋照り焼き……26
鶏のから揚げ……34
鶏むね肉の竜田焼き 野菜あんかけ……36
鶏肉と根菜の炊き込みごはん……52
チキンマカロニグラタン……56
チキンカレー……64
チキンフライ　タルタルソースかけ……67
鶏肉のトマト煮……71
オムライス……74
ユーリンチー……106
バンバンジー……108
タンドリーチキン……119
春雨サラダ……122

○**豚肉**
肉じゃが……10
煮豚……20
豚肉のしょうが焼き……24
ズッキーニの豚肉巻き焼き……29
豚肉の竜田揚げ……35
豚肉、なすとピーマンのみそ炒め……42
ポーククリームシチュー……58
ポークチャップ……62
ポークピカタ……79
ホイコーロー……88
豚肉のチンジャオロースー……94
豚肉と白菜のとろみ塩炒め……98
チャーシュー……102
酢豚……104
豚肉とにらのチヂミ……114

○**ひき肉**
鶏そぼろ……31
煮込みハンバーグ……60
スパゲッティ・ミートソース……72
ポテトミートソースグラタン……73
マーボー豆腐……100
ガパオライス……120

【肉加工品】

○**ハム**
ポテトサラダ……66
白菜とハムのサラダ……85

【卵】

親子煮……18
厚焼き卵……30
かき玉うどん……53
シンプル茶碗蒸し……54
オムライス……74
スパゲッティ・カルボナーラ……78
ポークピカタ……79
ブロッコリーときのこの
　キッシュグラタン……80
ロメインレタスのシーザーズサラダ……84

【魚介】

○**えび**
えびのチリソース炒め……92
えび、キャベツとしいたけのうま煮……96
えびマヨ……110

○**きんめだい**
きんめだいの煮つけ……14

○**さけ**
さけの南蛮漬け……44

○**さば**
さばのみそ煮……40

○**ぶり**
ぶりの照り焼き……28

【魚介加工品】

○**さつま揚げ**
小松菜とさつま揚げの煮びたし……22

○**ちりめんじゃこ**
白菜とじゃこの煮びたし……22

【海藻】

きゅうりとわかめの酢のもの……46

【野菜】

○**アスパラガス**
アスパラガスの白あえ……48

○**かぶ**
かぶの甘酢漬け……49

○**キャベツ**
キャベツのからしあえ……47
キャベツのペペロンチーノ……68
コールスローサラダ……84
ホイコーロー……88
えび、キャベツとしいたけのうま煮……96

○**きゅうり**
きゅうりとわかめの酢のもの……46
きゅうりとトマトのサラダ……85
バンバンジー……108

○**ごぼう**
ごぼうのきんぴら……32

○**小松菜**
小松菜とさつま揚げの煮びたし……22

○**ししとうがらし**
さけの南蛮漬け……44

○**じゃがいも**
肉じゃが……10
ポテトサラダ……66
ポテトミートソースグラタン……73
じゃがいものポタージュ……83

○**しょうが**
豚肉のしょうが焼き……24

○**ズッキーニ**
ズッキーニの豚肉巻き焼き……29

○**大根**
おでん……38
大根のごま酢あえ……46

○**玉ねぎ**
煮込みハンバーグ……60
酢豚……104

○**豆苗**
豆苗とにんじんのサラダ……85

○**トマト**
スパゲッティ・ナポリタン……69
きゅうりとトマトのサラダ……85

○**なす**
豚肉、なすとピーマンのみそ炒め……42

○**にら**
プルコギ……112
豚肉とにらのチヂミ……114

○**にんじん**
にんじんのきんぴら……33
鶏むね肉の竜田焼き 野菜あんかけ……36
ポーククリームシチュー……58
チキンカレー……64
にんじんのポタージュ……83
豆苗とにんじんのサラダ……85

○**白菜**
白菜とじゃこの煮びたし……22
白菜とハムのサラダ……85
豚肉と白菜のとろみ塩炒め……98

○**パプリカ**
牛肉とパプリカの
　オイスターソース炒め……90
パプリカのナムル……117

○**ピーマン**
豚肉、なすとピーマンのみそ炒め……42
豚肉のチンジャオロースー……94

○**ブロッコリー**
ブロッコリーときのこの
　キッシュグラタン……80
ブロッコリーのポタージュ……82

○**ほうれん草**
ほうれん草のごまあえ……47
ほうれん草のナムル……117

○**水菜**
豆腐と水菜のサラダ……84

○**もやし**
もやしのナムル……116

○**れんこん**
筑前煮……16
れんこんのきんぴら……33

○**ロメインレタス**
ロメインレタスのシーザーズサラダ……84

【野菜加工品】

○**こんにゃく**
おでん……38

【豆加工品】

○**がんもどき**
がんもどきの煮もの……13

○**豆腐**
肉豆腐……12
アスパラガスの白あえ……48
豆腐と水菜のサラダ……84
マーボー豆腐……100

○**春雨**
春雨サラダ……122

【米・麺類】

○**うどん**
かき玉うどん……53

○**米**
ちらしずし……50
鶏肉と根菜の炊き込みごはん……52
オムライス……74
ハッシュドビーフライス……76
ガパオライス……120

○**パスタ**
チキンマカロニグラタン……56
スパゲッティ・ペペロンチーノ……68
スパゲッティ・ナポリタン……69
スパゲッティ・トマトソース……70
スパゲッティ・ミートソース……72
スパゲッティ・カルボナーラ……78

【缶詰・パウチ】

○**トマト缶**
スパゲッティ・トマトソース……70
鶏肉のトマト煮……71
スパゲッティ・ミートソース……72

○**ホールコーン**
コールスローサラダ……84

石原洋子（いしはら・ひろこ）

料理研究家。幼い頃から母親と共に台所に立ち、「昼食は自分たちの手で」という食教育の自由学園に学ぶ。卒業後は家庭料理、フランス料理、中国料理など、各分野の第一人者に学び、アシスタントを務めたのちに独立。明るく飾らない人柄と確かな根拠に基づく指導に定評があり、自宅で開く料理教室は40年以上になる。著書に『保存食と作りおきベストレシピ』『65歳からのふたりごはんの愉しみ』（ともに家の光協会）、『本当は秘密にしたい　料理教室のベストレシピ』（朝日新聞出版）、『おいしくたっぷり野菜を食べる12の方法』（学研プラス）、夫・根岸規雄氏との共著『夫はホテルオークラ元総料理長、妻は料理家　ふたりの食卓』（KADOKAWA）など多数。

撮影	澤木央子
デザイン	釜内由紀江、清水桂、石川幸彦（GRiD）
スタイリング	池水陽子
料理アシスタント	荻田尚子、清水美紀
企画・構成・取材	遠田敬子
校正	ケイズオフィス
DTP制作	天龍社

黄金比がひと目でわかる

定番おかず100
一生ものの味つけレシピ

2021年12月20日　第1版発行

著　者	石原洋子
発行者	河地尚之
発行所	一般社団法人 家の光協会
	〒162-8448
	東京都新宿区市谷船河原町11
	電話　03-3266-9029（販売）
	03-3266-9028（編集）
	振替　00150-1-4724
印刷・製本	図書印刷株式会社

乱丁・落丁本はお取り替えいたします。
定価はカバーに表示してあります。

ISBN 978-4-259-56710-1 C0077